1인
기업이
갑이다

끌어가는 삶을 살 것인가, 끌려가는 삶을 살 것인가

1인 기업이 갑이다

지은이 | 윤석일
펴낸곳 | 북포스
펴낸이 | 방현철

편집자 | 공순례
디자인 | 엔드디자인

1판 1쇄 펴낸날 | 2013년 09월 06일
1판 3쇄 펴낸날 | 2014년 01월 15일

출판등록 | 2004년 02월 03일 제313-00026호
주소 | 서울시 영등포구 양평동5가 18 우림라이온스밸리 B동 512호
전화 | (02)337-9888
팩스 | (02)337-6665
전자우편 | bhcbang@hanmail.net

이 도서의 국립중앙도서관 출판시도서목록(CIP)은 e–CIP 홈페이지(http://www.nl.go.kr/ecip)와
국가자료공동목록시스템(http://www.nl.go.kr/kolisnet)에서 이용하실 수 있습니다.
(CIP제어번호: 2013016156)

ISBN 978-89-91120-72-3 03190
값 15,000원

1인 기업이 갑이다

끌어가는 삶을 살 것인가,
끌려가는 삶을 살 것인가

윤석일 지음

북포스

1인 기업이야말로
이 시대 진정한 갑이다

"이놈의 회사 당장 때려치울 수도 없고…."

"이건 내가 바라는 인생이 아닌데…."

"인생 2막만큼은 진짜 내가 원하는 모습으로 살고 싶어."

많은 사람이 1인 기업가를 꿈꾸며 살아간다. 1인 기업가가 매력적인 이유는 자기 시간을 의지대로 조절하고, 하고 싶은 일을 하는 결정권을 가지고 있기 때문이다. 남의 지시가 아니라 자신의 로드맵에 따라 삶을 디자인함으로써 즐겁고 신 나는 인생을 살 수 있기 때문이다. 은퇴나 정년조차 스스로 결정한다. 놀고 싶을 때 놀고, 일하고 싶을 때 일하는 진정한 드림워커로 거듭나는 것이다.

내가 지켜본 1인 기업가들은 하나같이 활기차고 진취적이었다. 그들을 보면 펄떡이는 물고기와 같은 역동성이 느껴졌다. 자신이 진정으로 하고 싶은 일을 하면서 사는 즐거움이 그런 역동성을 만들어내는 것이리라.

이런 매력이 있음에도 많은 이들이 선뜻 시작하지 못하고 주저하는 이유는, 1인 기업을 하려면 무조건 직장을 그만둬야 한다고 생각하기 때문이다. 하지만 꼭 그렇진 않다. 1인 기업가기 되려는 이유는 직장생활의 끝을 잘 알기 때문에 미리 인생 2막을 준비하기 위함이다. 따라서 조직 안에서 밥벌이를 하는 바로 지금이야말로 1인 기업을 준비할 수 있는 최적의 환경에 있는 셈이다.

잘나가는 1인 기업가들은 대부분 직장에 다니는 동안 또 다른 파이프라인을 구축했다. 그들이 특출나서가 아니다. 현재 업무나 평소 즐기던 취미를 콘텐츠로 만들어서 돈이 되는 파이프라인을 구축하는 것은 누구라도 할 수 있는 일이다. 그래서 나는 직장인들에게 생계 유지 수단이 있는 지금 1인 기업을 준비해야 한다고 말한다. 평생직장이라는 단어가 구시대 유물이 된 터이므로 인생 2막 최고의 대안은 1인 기업일 수밖에 없다.

1인 기업가는 결코 남들의 눈치를 보거나 다른 사람의 페이스에 휘말리지 않는다. 가고자 하는 길이 이제까지 아무도 밟지 않은 길이라고 해서 두려워하지도 않는다. 오히려 꿋꿋하게 자기 발자국을 남기면서 뚜벅뚜벅 나아간다. 이처럼 자신만의 새로운 길을 만들면서 나아갈 때 운명을 바꾸는 자기혁명이 시작된다.

대부분의 직장인은 직장생활 외에 다른 대안이 없다는 생각에 하루하루 새가슴으로 살아간다. 직장이라고 해서 자리 보전이 마냥 수월한 것만은 아니다. 살아남으려면 동료보다 월등한 성과를 내야 한다. 그래서 끊임없이 자기계발을 하고 인맥을 관리하고 업무를 해내며 가진 에너지를 모두 쏟아 붓는다. 그렇게 대부분의 직장인은 인생에서 가장 중요하고 열정적인 시기에 자신을 소진하면서 하루하루 연명하다시피 살아간다. 그런 모습을 보면 아무리 열심히 돌려도 1센티미터도 이동하지 못하는 다람쥐 쳇바퀴 같다는 생각이 든다.

더욱이 아무리 잘나가더라도 언젠가는 책상을 비워야 하는 시기가 찾아온다. 그러니 그때를 대비해 자신의 네임 브랜딩을 확고히 해두어야 한다. 네임 브랜딩이 되어 있다면 어느 날 갑자기 회사를 떠나야 하는 일이 생겨도 당황할 필요가 없다. 오히려 이제부터는 자신이 진정으로 원하는 일을 할 수 있게 되었다는 생각에 행복하기까지 할 것이다.

한 조사에 따르면 직장인 4.5퍼센트만이 현재 다니는 회사를 평생직장으로 생각하고, 평균적으로 평생 네다섯 번의 이직과 전직을 한다고 한다. 따라서 지금부터라도 회사가 나를 언제까지나 먹여 살려줄 것이라는 착각에서 벗어나 새로운 파이프라인, 즉 1인 기업가를 준비해야 한다. 그러면 박수 칠 때 당당히 떠날 수 있다.

10년 전에 비해 백만장자가 늘어나는 속도가 몇 배로 빨라졌다. 이들은 하나같이 자신의 지적 자산을 자본으로 해서 소규모 기업을 운영해 부를 축적했다. 모두가 '위기'라고 말하지만, 위기에서 벗어나기 위해 행동하는 사람은 별로 없다. 이런 위기의 시대에 자신이 가장 잘하는 것을 토대로 1인 기업을 준비한다면 남다른 인생, 갑의 인생을 살 수 있다.

1인 기업은 자본의 힘이 미치지 못하거나 파악하지 못한 틈새 시장을 선점하기에 무척 효율적인 구조다. 대기업인 코끼리가 따라오지 못하는 신속한 의사결정 능력과 과감한 실행력으로 블루오션 시장을 선점할 수 있다. 이 엄청난 기회를 붙잡는 데는 자신만의 고유한 콘텐츠 외에 특별한 자격이 필요치 않다. 미래를 신 나고 즐겁게 살아가고 싶다면 자신만의 지적 자산을 갈고닦으면 된다.

마지막으로 이 말을 들려주고 싶다.

"누구든지 저마다 좋아하고 잘하는 한 가지씩을 가지고 있다. 이젠 그것을 더욱 계발해서 세상에 공익을 실현하는 1인 기업가가 되어야 한다. 1인 기업은 자신의 운명과 세상을 바꾸는 자기혁명이다."

2013년 8월
윤석일

5장 | 1인 기업가로 평생 현역으로 살아가기

1장

지금 대한민국은
1인 기업 전성 시대

나는 기업이며
브랜드다

이젠 직장에만 목매는 시대에서 나 자신이 기업이자 브랜드가 되는 시대로 전환되었다. 따라서 내 이름 석 자가 브랜드화되느냐 그렇지 않느냐는, 지금 하는 일과 사업의 성패뿐 아니라 인생이 달렸다고 해도 과언이 아니다.

세상에는 나만의 독특한 브랜드 가치를 통해 웬만한 중소기업보다 더 잘나가는 사람들이 있다. 이들에게는 한 가지 공통점이 있는데, 바로 자신의 이름을 내걸고 1인 기업을 운영한다는 것이다.

대표적인 예로 세계화전략연구소 이영권 대표, 공병호경영연구소 공병호 소장, 구본형변화경영연구소 구본형 소장, 심상훈작은 가게연구소 심상훈 소장 등을 꼽을 수 있다. 그들은 조직 생활을 하지 않으면서도 이름의 가치가 웬만한 기업들의 브랜드 가치보다 높다. 그 결과 시간이 갈수록 더욱 바빠지고 몸값도 높아지는 시스템을 갖고 있다.

천호식품 김영식 회장, 지금은 잘나가는 중견기업의 회장으로 성공하는 인생을 살고 있지만 불과 10여 년 전만 해도 자살을 선택할 만큼 힘들었다. IMF 시절 문어발식으로 사업을 확장하다 한순간에 몰락한 것이다. 강남역에서 전단지를 돌리기도 했으며, 한 끼 밥값이 없어 여관에서 소시지에다 소주로 배를 채우기도 했다. 한때 부산에서 현금보유 100위권 안에 들었던 그는 순식간에 가장 빚이 많은 사람 100위 안에 들 정도로 바닥까지 추락했다.

그러나 그는 다시 시작하기로 했다. 당시 그의 머릿속에 떠오른 것은 건강식품이었다. 아내가 선물한 반지를 전당포에 맡기고 130만 원의 운영자금을 마련한 그는 남아 있는 제품 가운데 '강화사자 밭쑥진액'에 집중했다. 수첩, 명함, 휴대전화 배경화면을 '쑥을 팔자!'라는 구호로 도배하고 지하철 입구 등에서 온종일 전단지를 돌리는가 하면 식당, 골목길, 전봇대, 승용차 등 눈에 보이는 곳마다 쑥 전단을 꽂아 넣었다. 심지어 비행기 안에서도 전단을 돌렸는데, 승무원들이 강하게 막아서자 "전단 안 뿌리면 난 죽는다"라며 막무

가내로 밀고 나갔다. '쑥, 쑥, 쑥자로 끝나는 말은 이쑥 저쑥 들쑥 날쑥'이라는 '쑥 주제가'도 만들어 사람들이 모이는 곳에서 부르곤 했다. 그러자 여기저기서 "드디어 김영식이 정신이 나갔구나" 하는 소리가 들려왔다.

그러나 그렇게 죽을힘을 다해 노력한 끝에 1998년 1월 1,100만 원이던 월 매출액이 1년 만에 50배인 5억 원으로 늘어났다. 이후 '산수유환', '사슴한마리' 등 히트 상품을 잇달아 내놓으면서 2004년에는 연매출 100억 원을 기록했다. 그리고 현재는 한 해 1,500억 원의 매출을 올리고 있다.

김영식 회장의 인생역정을 살펴보면 한 가지 성공 방식을 찾을 수 있다. 스스로를 기업으로 여겼고 브랜드 가치를 높이기 위해 노력했다는 것이다. 그 과정에서 있었던 인상적인 일화 하나를 소개한다.

그는 사업 초창기 '달팽이엑기스'를 KBS1 〈6시 내고향〉이라는 인기 프로그램에서 소개하고 싶었다. 그래서 한 박스를 들고 방송국을 찾아갔다. 하지만 방송국 직원들은 그를 잡상인 취급했다. 기분이 상했지만 그는 포기하지 않고 같은 요일과 같은 시간대에 방송국을 찾았다. 그러고는 이 한마디만 하고선 사라졌다.

"달팽이 놓고 갑니다."

방송국 사람들은 처음엔 머리가 어떻게 된 사람인가 의심했지만,

두 달 동안 같은 행동이 이어지자 그가 나타나면 이렇게 말했다.

"저기 달팽이 온다."

그의 끈질긴 노력에 마음이 움직인 PD는 〈6시 내고향〉에 '달팽이엑기스'를 내보내기로 했다. 그렇게 해서 김 회장이 개발한 '달팽이엑기스'가 공중파를 타게 되었고, 공장 전화통에 불이 날 정도로 주문이 폭주했다.

그의 책 《10미터만 더 뛰어봐!》를 읽어보면 자신과 상품을 브랜딩하기 위해 노력했던 과정들이 자세히 소개되어 있다. 몇 해 전 TV CF에 "남자한테 참 좋은데…, 뭐라 표현할 방법이 없네"라는 카피가 나갔다. 그러면서 '김영식'이라는 이름 석 자가 사람들에게 알려졌다. 그 결과 그와 천호식품이라는 브랜드는 웬만한 사람은 알 만큼 대중화되었다. 그는 지금 중소기업 회장에다 강연, 언론 인터뷰, 방송 활동 등으로 누구보다 바쁘면서도 행복하게 살고 있다.

데이빗 안드루시아는 저서 《당신 자신을 브랜드화 하라》에서 이렇게 말했다.

"자신의 분야에서 최고가 되려면 무조건 열심히 하는 것 이상의 그 무엇이 필요한데, 그것은 바로 자신을 브랜드하는 전략이다."

이 말은 동료들과의 차별성이 이루어지지 않는다면 언제든 도태될 수 있기 때문에 독특한 자신만의 브랜드를 구축하라는 뜻이다.

다시 말해 '명품 인재'가 되어야 한다는 의미다. 모든 제품에는 각각의 브랜드 가치가 있고 그 가치에 따라 가격이 결정된다. 마찬가지로 이제 개인도 자신의 브랜드 가치에 대해 고민해야 할 때다. 이미 평생직장이라는 개념이 사라진 지 오래인데다가 개인의 가치에 따라 연봉이 매겨지고 스카우트된다는 것을 간과해선 안 된다.

이제 그저 묵묵히 일만 해선 성공은커녕 치열한 경쟁에서 살아남을 수도 없다. 스스로 네임 브랜딩을 통해 가치를 높여야 한다. 조직 생활을 하는 사람이건, 자영업을 하는 사람이건, 1인 기업을 하는 사람이건 간에 자신의 브랜드화는 선택이 아닌 필수 조건이 되었다. 자신의 이름과 하는 일이 브랜드화되지 않는다면 성공할 수도 없는 시대가 된 것이다.

그렇다면 네임 브랜딩을 하기 위해선 어떻게 해야 할까? 다음 세 가지 방법이 있다.

첫째, 자신을 1인 기업으로 본다.

1인 기업가의 관점으로 '나'라는 브랜드를 보면 강점은 무엇이고, 무엇을 시장에 팔지 고민하게 된다. 즉 스스로 '나 주식회사'의 대표가 되는 것이다. 특히 직장 안에만 있으면 외부환경으로부터 보호받을 수 있어 자칫 변화에 둔감해질 수 있다. 그러니 직장인은 생존이라는 당면한 문제로 자신을 1인 기업으로 봐야 한다.

둘째, 자신을 한마디로 표현할 수 있는 슬로건을 찾는다.

한마디로 자신을 표현할 수 없다면 시장에 판매할 콘텐츠가 없다는 것이고, 브랜드 또한 삼류로 취급당할 수밖에 없다. 공병호 소장은 《1인기업가로 홀로서기》에서 현재 다니는 직장 명함에서 회사 이름과 직위를 빼고 오직 혼자의 기술과 능력으로 무엇을 채울지 고민하라고 말한다. 즉, 자신을 한마디로 표현할 수 있는 슬로건이 곧 당신의 미래라고 할 수 있다.

셋째, 선택과 집중을 한다.

1인 기업가는 생산부터 영업까지 모든 것을 해야 한다. 그렇지만 사람에게는 시간과 비용에 한계가 있다. 특히 전문 분야가 아닌 곳에 역량을 집중하면 오히려 잃을 것이 많다. 세계적인 스포츠 회사인 나이키를 비롯해 많은 기업이 세계 곳곳에 아웃소싱 방식을 택하고 있다. 마찬가지로 잘나가는 1인 기업가들 역시 자신의 실력이 부족한 부분은 전문가에게 일정한 수수료를 지불하고 아웃소싱한다. 자신은 오직 핵심, 즉 개념에만 집중하는 것이다.

몸값이 비싼 연예인이나 스포츠 스타를 두고 우리는 '움직이는 중소기업'이라 표현한다. 한 해 벌어들이는 돈이 중소기업에 버금가기 때문이다. 이는 이제 별나라, 달나라의 이야기가 아니다. 자신이 가진 강점으로 네임 브랜딩을 통해 1년에 수억 원에서 수십억 원의 수입을 올리는 1인 기업가들이 매년 증가하고 있다.

직장인, 1인 기업가 등 더 나은 인생을 꿈꾼다면 오늘부터 당장 자신의 이름 석 자를 브랜딩하기 위해 노력해야 한다. 개인의 브랜드화는 이제 생존을 위한 선택이 아니라 필수 조건이 되었다는 것을 기억해야 한다. 그동안 현실에 안주하며 느긋하게 직장 생활을 해왔다면 지금부터라도 내가 곧 기업이자 브랜드라는 마인드로 치열하게 살아야 한다.

:: **02** ::

1인 기업은
블루오션이다

요즘 부쩍 1인 기업이 늘어나고 있다. 자신이 가진 지적 자산을 활용해서 자신의 이름을 내건 연구소 형태의 기업을 설립하는 것이다. 1인 기업은 무자본, 무점포, 무직원으로 창업할 수 있어 '3無 창업'으로 불리기도 한다.

이제는 직장에 얽매여 시간과 열정을 빼앗기기보다 시간관리, 고객관리, 생산관리, 홍보·마케팅까지 혼자서 해내는 1인 기업이 대세다. 왜냐하면 1인 기업은 직업 세계와 같은 레드오션이 아니라 블루오션이기 때문이다.

이상철 LGU+ 부회장은 이렇게 말했다.

"제조업, 유통업, 서비스업 등 모든 산업을 막론하고 창조 경제를 통해서만 레드오션(포화 시장)을 블루오션(무경쟁 시장)으로 바꿀 수 있다."

창조를 통한 혁신이 진정한 혁신이라는 것이다. 즉, 지적 자산을 토대로 새로운 파이프라인을 구축하는 것이야말로 진정한 혁신이라는 뜻이다. 현재 전 분야에 걸쳐 가격할인 전략과 같은 출혈경쟁으로 헤아릴 수 없이 많은 이들이 신음하고 있다. 지금 대한민국 어디를 가도, 심지어 골목 구석구석을 가봐도 경쟁 없는 곳이 없다. 빵집, 커피숍, 미용실마저 대기업이 자본력을 바탕으로 뛰어들어 레드오션 시장이 된 지 오래다. 힘없는 자영업자들이 자본력을 앞세운 거대기업들에 굴복당하거나 대기업의 요구에 맞는 프랜차이즈 가입을 강요당하고 있다.

이와 같은 위기를 생각하면 절망만 가득한 것처럼 비치지만, 또 다른 쪽에선 엄청난 기회가 봇물처럼 쏟아지고 있다. 대표적인 예로 10년 전에 비해 백만장자가 늘어나는 속도가 몇 배나 빨라진 것을 들 수 있다. 이들은 하나같이 자신의 지적 자산을 자본으로 해서 소규모 기업 운영을 통해 부를 축적한다.

조직에 몸담은 사람치고 경제적으로 신경 쓰지 않고 살 정도의 재력을 갖춘 사람은 별로 없다. 밥벌이가 가능한 직장 생활을 할 때 1인 기업을 준비해야 한다. 모두가 "위기다"라고 말하지만 이런 위기의 시대에 자신이 가장 잘하는 것을 토대로 1인 기업을 준비하는 사람은 실상 많지 않다. 그러므로 남보다 먼저 나선다면 분명 엄청난 금맥을 발견할 수 있다.

1인 기업은 자본의 힘이 미치지 못하거나 파악하지 못한 틈새 시장을 대기업인 코끼리가 따라오지 못하는 신속한 의사결정 능력과 과감한 실행력으로 선점할 수 있다. 이와 같은 블루오션 시장에서 1인 기업이 엄청난 기회를 잡을 수 있으려면 나만의 지적 자산이 있어야 한다.

지식의 재가공 능력에는 제조업의 어떤 제품보다 절대적으로 높은 가격이 매겨진다. 가장 효율적인 생산설비도 원자재 투입, 가공, 유통, 판매 등 복잡한 단계를 걸쳐 만들어지지만 지식 또는 콘텐츠를 바탕으로 한 제품은 콘텐츠 개발 능력과 인터넷 활용 능력만 있으면 얼마든지 구축할 수 있다. 그리고 그것이 새로운 파이프라인이 된다. 1인 기업의 묘미는 자신이 생산한 지적 콘텐츠(책, 칼럼 기고, 강연)를 접한 고객들이 다시 나를 찾게 되는 선순환이 이루어진다는 것이다. 그래서 공병호 박사, 이영권 박사, 전옥표 대표, 김정운 교수는 저서를 펴낸 뒤 그 책을 토대로 강연 활동을 한다. 이들은 시간이 흐를수록 찾는 사람들이 늘어나 더욱 유명해진다. 더욱이 이들에겐 정년퇴직이나 은퇴란 말이 해당되지 않는다.

(주)이음소시어스 박희은 대표는 이음넷을 통해 대한민국에 '소셜 데이팅'이라는 신조어를 만들었다. 이음소시어스는 지식과 정보통신 기술을 활용하여 블루오션 시장을 개척한 1인 기업이라고 할 수 있다. 시작은 초라하고 보잘것없었지만 지금은 30명의 직원을 둔 탄탄한 회사로 성장했다.

　그녀는 대학교에 다닐 때 기존 미팅 방법에 불편함을 느꼈던 일에 착안해서 사업을 구상했다. 기존의 미팅 방법은 이성 친구가 필요한 사람이 주변 친구들에게 찾아가 소개팅을 요청하는 식이었다. 주선자가 상대방을 찾아내 친구에게 만나볼 것을 권유하면, 처음 소개팅을 요청했던 사람은 주선자나 인터넷을 통해 상대방에 대한 정보를 찾아야 했다. 또 상대방에게 사전에 연락하고 만날 장소를 정하는 등의 불편함이 따랐다. 미팅 시에 많은 사람이 겪는 불편함을 그녀는 사업적 기회로 삼았다. 이를 모티브로 하여 회원들의 이상형을 데이터화해서 미팅을 주선하는 프로그램을 개발했다.

　어느 분야건 그렇듯이 처음에는 숱한 어려움이 따른다. 그녀 역시 처음에는 나이가 어리고 여자라는 사회적 편견과 경험 부족으로 많은 시련을 겪어야 했다. 하지만 포기하지 않고 끈기 있게 노력한 끝에 북미벤처캐피털에서 20억 원을 지원받아 창업에 성공했다. 그녀가 개발한 미팅 주선 프로그램은 12시 30분이 되면 원하는 이성의 프로필과 사진을 회원들에게 모바일로 전송해준 뒤서로 승낙을 하면 오프라인 만남이 이어지는 시스템이다. 그녀가 개발한 프로그램은 사람들로부터 "이음신이 강림했다"는 얘기를 들을 정도로 폭발적인 인기를 끌었다.

현재 회원 수는 21만 명에 달하고 중국 진출을 바라보고 있다. 이 프로그램을 통한 만남으로 최근까지 24쌍이 결혼에 성공했을 정도로 데이터의 신뢰도가 높은 편이다.

박희은 대표가 성공할 수 있었던 요인은 기존 형식의 틀을 깨고 미팅의 새로운 방식, 즉 소셜 데이팅을 만들었기 때문이다. 여기에 다 하나 더 추가한다면 이미 진행되고 있는 1인 기업에 대한 트렌드를 제대로 파악했다는 것이다. 그 결과 그녀만의 블루오션 시장을 개척할 수 있었다.

다시 말하지만 1인 기업의 매력은 무점포, 무자본, 무직원이다. 현재 많은 1인 기업가가 이 3無 창업으로 자기 영역을 구축해나가고 있다. 특히 강연이나 출판으로 1인 기업을 운영하는 사람들은 소호(Small Office, Home Office)기업 개념으로 사업을 하고 있다. 물리적 의미에서 소호기업과 재택근무는 비슷하다. 그렇지만 소호기업이 자신만의 아이디어로 홀로 창업하여 최소한의 인력과 비용으로 고소득을 올린다는 데 핵심적인 차이가 있다.

실제 소호기업 중 강연으로 홈오피스(Home Office)를 운영하는 한 지인이 있다. 과거의 그 역시 직장인이었지만 현재는 억대 수입을 자랑하는 잘나가는 1인 기업가가 되었다. 그는 이렇게 말한다.

"팩스가 되는 복합기와 강의 연습을 할 수 있는 거울, 인터넷이 되는 컴퓨터, 마지막으로 가장 중요한 것이 성공하겠다는 의지야. 이것만 있으면 1인 기업을 시작할 수 있어. 예전에 직장 생활을 할 때 느끼지 못했던 성취감을 느낄 수 있어서 정말 사는 맛이 난다."

그와 대화를 하고 나면 나도 모르게 심장이 세차게 뛰는 것을 느낀다. 그의 열정이 내게도 고스란히 전해지기 때문이다.

시집《함께 있으면 좋은 사람》을 비롯해 성공학 저서 등 150여 권의 책을 출간한 저자이자 방송과 기업, 관공서, 단체 등에서 활발한 강연 활동을 하는 용혜원 시인이 있다. 그는 유머자신감연구원 원장이라는 직함으로 누구보다 행복한 인생을 살고 있다. 그는 "단 한 번뿐인 삶, 이제 그만 눈물을 그치고 신 나게 살고 열정적으로 웃으면 원하는 것을 이룰 수 있다"라는 메시지로 사람들에게 희망과 열정, 웃음을 불어넣어 주고 있다.

과거의 그는 주로 시집만 펴냈지만 언젠가부터 유머와 성공학에 대한 저서를 펴내면서 강연을 시작했다. 자신의 주특기를 전환한 것이다. 주특기 전환에 성공하면서 유머자신감연구원을 설립하게 되었고 누구보다 바쁜 1인 기업가로 자리매김했다.

수많은 경제 예측서를 읽어보면 지식이 '부의 원천'이라고 말한다. 정보통신 기술의 발달로 바로 그 부의 원천을 누구나 소유할 수 있는 시대가 빠르게 다가왔다. 교과서에서 배운, 생산의 3요소가 토지, 자본, 노동력이라는 말은 구석기 시대의 유물로 바뀐 지 오래다. 어떤 생산수단도 소유하지 못했으면서도 열정과 도전정신으로 무장한 많은 이들이 1인 기업을 운영하고 있거나 준비하고 있다.

　물론 어떤 분야건 그저 쉽게 성공할 순 없다. 성공이라는 결실을 얻기 위해선 그에 맞는 피와 땀, 눈물이라는 대가를 치러야 한다. 더욱이 조직이라는 안정된 테두리 없이 홀로 서야 하는 1인 기업은 어쩌면 더 혹독한 대가를 치러야 할지도 모른다. 그럼에도 자신 있게 말할 수 있는 것은 미래가 불확실한 조직 생활보다 당장은 불확실할지 모르지만 자신의 지적 자산을 자본으로 삼아 모든 열정을 쏟는다면 분명 시간이 갈수록 기대되는 인생을 창조할 수 있다는 것이다.

:: **03** ::

사오정, 오륙도
어떻게
먹고살아야 하나?

    한때 보험회사 TV 광고 중 우리나라 40∼50대 직장인의 마음을 잘 표현한 것이 있었다. 50대 초반으로 보이는 직원이 사장실로 올라간다. 사장실 문을 열고 들어가 인사를 하자마자 사장이 근엄한 표정으로 묻는다.

    "이 차장, 올해 나이가 몇인가?"

    순간 50대 직원의 놀란 얼굴에서 화면이 정지되는데 머릿속에선 온갖 것이 요동을 친다. '아파트 대출금, 큰딸 대학등록금, 어머니 병원비, 둘째 아들 학원비, 마누라 요가 강습비, 자동차 할부금….' 사장이 혹시 희망퇴직을 이야기하는 게 아닐까 싶어 아찔하다.

그렇지만 화면이 다시 움직이면서 사장이 새로운 프로젝트를 맡기며 최선을 다할 것을 주문하는 내용이 이어진다. 직원은 '살았다!' 하는 표정으로 안도의 한숨을 쉬며 사장실을 나온다.

우리의 실제 현실도 광고와 별반 다르지 않다. 100세 시대를 살고 있는 지금 직장의 정년에 관한 삼성경제연구원 통계를 보면 직장인 2,433명 가운데 희망퇴직 연령은 1위가 65세(43.9퍼센트)이지만 실제 기업의 평균 정년은 55세라고 한다. 또 잡코리아에서 601명의 직장인을 대상으로 조사한 결과, 실제 현장에서 느끼는 체감 정년퇴직 연령은 48.8세로 나타났고 조사자 10명 중 7명은 회사가 정년을 보상해주지 않는다고 답했다. 인생시계가 정오를 넘어서는 시점이면 정년이 시작되는 것이다.

그럼에도 대부분의 직장인은 정년을 65세로 착각한다. 둘 사이에는 17년이라는 차이가 있다. 사오정(45세가 정년), 오륙도(56세까지 직장에 남아 있으면 도둑)는 옛날이야기가 되었고, 삼팔선(38세면 직장에 남을지를 선택해야 한다)마저 곧 무너질 시대가 온 것이다. 그래서인지 술자리에서 동료들과 이야기를 하다 보면 자연히 화제는 앞으로 언제까지 밥벌이를 할 수 있을까 하는 쪽으로 흘러간다. 언젠가부터 '진급보다 정년, 장수(將帥)보다 장수(長壽)'라는 말이 나오고 있다. 이처럼 정년만 가지고 고민해도 미래가 불투명하다. 기업은 본직절로 이익을 최우선으로 하기에 나를 평생 고용해줄 거라고 기대할 수 없다.

대기업에서 구매업무를 하는 지인 L이 있었다. 절대적인 갑의 입장에서 업체를 선정하므로 항상 자부심이 넘쳤고, 물론 그만큼 누구보다 열심히 일했다. 명절 때가 되면 거래처와 하청업체 직원들이 양손 무겁게 선물을 들고 그에게 인사를 오곤 했다. 그런데 그런 그를 보고 있으면 지금의 잔치 분위기가 영원할 것처럼 착각에 빠져 산다는 생각이 들었다.

그는 자신이 몸담은 회사가 대기업이기 때문에 특별히 미래를 준비할 생각 같은 건 하지 않았다. 근무연수가 쌓이면서 늘어난 실력이라곤 구매할 때 처리해야 할 행정업무의 속도뿐이었다. 어느 날부턴가 L이 다니는 회사도 본격적인 긴축 경영에 들어간다는 소문이 돌았다. 먼저 설비시설관리 분야가 아웃소싱을 시작했다. 그래도 L은 태연했다.

"시설관리와 구매는 엄연히 분야가 다르니까 걱정할 필요 없어."

하지만 머지않아 그가 맡은 물류 분야도 아웃소싱으로 전환하려는 움직임이 보였다. 발등에 불이 떨어지자 그는 눈앞이 캄캄해졌다. 불안을 느끼면서도 마땅한 대안이 없는 탓에 회사에 더욱더 충성했다. 인터넷 구매대행 방식으로 무장한 대기업이 구매시스템에 뛰어들자 결국 회사는 단가 면에서 좋은 조건과 재고관리가 쉬운 구매 방식으로 아웃소싱업체를 선정하였다. 그때 회사는 L에게 두 가지 제안을 했는데, 희망퇴직과 아웃소싱업체에 재취업을 알선해 주는 것이었다.

당시 나는 고민하는 그에게 직업학교 입학을 추천하고 그곳에서 배운 기술로 1인 기업가가 되겠다는 마음으로 재취업을 하라고 조언했다. 그는 고민 끝에 내 조언을 받아들여 재취업 후 직업학교에서 기술을 배우고 있다.

대부분 30대 중반을 넘어가면 특별한 기술이 없는 한 재취업을 하는 데 많은 어려움이 있다. 경우에 따라서는 재취업이 요원할 수도 있다. 그래서 대부분의 직장인이 다른 자리를 준비하기보다 현재의 직장에 목을 매는 것이다. 그 결과 시간이 갈수록 더욱 힘들어지는 구조 속에서 살아가게 된다.

사람들의 직장 생활을 돕는 컨설턴트 회사 브리지를 창설한 제리 코너와 리 시어즈는 공저 《회사형 인간》에서 "회사가 원하는 틀에 자신을 구겨 넣다 자기 고유의 생명력을 상실한 인간형, 직장에서 살아남기 위해 끊임없이 자신과 타협하며 살아가는 인간형"이라고 회사형 인간을 정의했다. 이 책을 읽으면서 남들과 다른 특별한 무기, 즉 자신만의 특별함 또는 독특함이 없다면 언제 잘릴지 모르는 회사형 인간으로 살 수밖에 없다는 생각이 들었다.

'알까기' 시리즈로 연 4억 원을 넘게 벌고 있는 삼성와이즈의 윤선달 대표가 있다. 그는 고등학교 졸업 후 삼성화재에서 25년간 근무했다. 직장 생활을 하면서 4,600명에 달하는 사람들과 소통하는 인맥관리의 달인으로 불릴 정도로 발이 넓었다. 그러다 사람 만날 시간이 부족하다는 생각이 들자 25년이나 다닌 회사였지만 미련 없이 그만두었다.

"돈 한두 푼 더 아끼는 것이나 잠 한두 시간 더 자는 것보다 중요한 것이 사람과의 만남입니다. 상대가 무얼 좋아하고 필요로 할지 고민하고 베풀면서 살다 보면 인맥은 자연스럽게 확대됩니다."

그는 이를 '인맥 알까기'라고 말한다. 한 사람이 나를 믿게 되면 그 사람이 또 다른 사람을 소개해주는 이른바 '알까기'가 된다는 것이다. 그 알까기가 그를 억대 수입을 자랑하는 1인 기업가로 우뚝 서게 했다.

물론 그 역시 1인 기업가로 성공하기까지 숱한 시련과 역경을 감내해야 했다. 잘 다니던 회사를 그만두고 하루에 서너 시간만 자면서 국민대 경영학과를 졸업하고 연세대 석사 학위 과정을 마쳤다. 그리고 일본어 회화 1급, 중국어, 한문, 바둑, 골프 등 여러 방면에서 실력을 쌓았다. 또한 단순한 유희나 취미가 아니라 철저히 1인 기업가가 되고자 자신이 갈고닦은 노력의 과정을 책에다 재미있게 풀어놓았다. 그는 본업 외에 1인 기업 형태로 출판업도 운영했다.

그렇게 해서 탄생한 것이 《알까기 골프》, 《알까기 일본어》다. 2011년에는 《알까기 건배사》를 펴내면서 10만 부 이상 팔리는 베스트셀러 작가로 거듭났다.

현재 윤 대표는 삼성와이즈 보험대리점, 삼성증권 고문, 서울보증보험 대리점, 한샘오피스 가구 대리점, 세콤(SECOM)시스템서비스, 임진한골프 고문 등 9개가 넘는 회사를 꾸려가고 있다. 그런데 흥미로운 점은 직원이 한 명도 없다는 것이다. 서울시 중구에 있는 삼성와이즈 사무실에도 윤 대표 책상 하나만 있다. 덕분에 사무실 임차료나 직원 월급 등 고정비용을 줄일 수 있어 그야말로 알짜배기 수입을 얻는다.

그는 무자본, 무점포, 무직원의 전형적인 1인 기업가다. 대부분의 오너가 직원들 관리할 시간에 그는 자신이 좋아하는 일인 사람 만나는 일을 하다 보니 자연스럽게 매출이 늘고 영업도 잘되고 있다고 말한다.

지금 행복한 1인 기업가로 살고 있는 윤선달 대표는 시간이 갈수록 더욱 승승장구할 것이다. 계속 인맥이 늘어나고 브랜드 가치가 상승할 것이기 때문이다. 하지만 그 역시 직장에 대한 회의감과 미래에 대한 불안을 떨쳐가며 매일 서너 시간만 자는 지독한 노력을 통해 1인 기업을 준비했다는 것을 잊어선 안 된다.

만약 편하다는 이유로 직장에 계속 머물고 있었으면 그 역시 지금은 정년이 걱정되는 직장인 신세에 지나지 않을 것이다. 하지만 다행스럽게도 그는 안정적인 밥벌이가 가능한 시기에 '미친 인맥'으로 1인 기업을 준비함으로써 인생 2막을 활짝 열 수 있었다.

현재 독자 중에는 대다수가 '삼팔선', '사오정', '오륙도'에 속해 있을 것이다. 하루하루가 지날수록 벼랑으로 내몰리는 것 같아 새가슴이 되어 로또복권을 추첨하는 토요일만 기다리며 연명하고 있을지 모른다. 하지만 생각만 전환하면 지금껏 살아왔던 것보다 얼마든지 더 잘살 수 있다.

지금부터 나이가 들수록 더욱 인정받고 가치를 높일 수 있는 일을 생각해보라. 저술과 강연, 칼럼 기고가 가능한 1인 기업가라면 금상첨화다. 큰 자본도 들지 않고 그저 시간과 노력만 투입하면 고스란히 내 수입이 되는, 이보다 더 멋질 수 없는 업이기 때문이다.

:: **04** ::

연봉에
연연하지 마라,
팽 당한다

  많은 직장인이 높은 연봉을 꿈꾸면서 살아가고 있다. 사실 열심히 일할수록 그에 합당한 대우를 해주는 것만큼 의욕적인 일도 없을 것이다. 그래서 많은 구직자가 연봉이 높은 삼성 그룹이나 현대차 그룹, SK 그룹을 최우선순위로 두고 있다.

  2012년 잡코리아 조사에 따르면 남녀 구직자 1,145명 중 구직시 최우선 고려사항 1위(52.4퍼센트)가 연봉이었고, 그다음이 직원복지라는 결과가 있을 정도로 연봉은 직업 세계에서 절대적이다. 하지만 시간은 쉬지 않고 흘러간다. 오직 높은 연봉을 받기 위해 일에만 파묻혀 산다면 평소 가족과 함께할 수 있는 시간을 가질 수 없다. 그래서는 나이 들어 외로운 신세로 전락하게 된다. 그리고 무엇보다 직장 생활에는 끝이 있는 법! 현명하게 준비하지 않으면, 경제적인 어려움에 처하게 되고 건강마저 잃게 된다.

오로지 회사에만 헌신하고 충성하는 사람들의 공통점은 현실에 안주하는 삶을 산다는 것이다. 그러다가는 의욕적이고 창의적인 아이디어로 무장한 후배들에게 언제든지 밀려날 수 있다. 즉, 회사에서 팽 당할 수 있다는 말이다. 그런데 안타깝게도 당장 '안정적'이라는 이유만으로 자신의 청춘과 열정과 시간을 돈과 바꾸고 있는 직장인들이 너무나 많다.

《짬》이라는 만화로 유명한 주호민 작가. 그의 또 다른 작품인《무한동력》에서 주인공 장선재는 대기업 취업을 꿈꾸면서 대학 생활을 한다. 그가 하숙하는 집 주인아저씨는 '무한동력연구기관'이라는 간판을 내걸고 무한동력을 연구하는 사람이다. 하지만 무한동력은 이론상 불가능할 뿐 아니라 생계는 나 몰라라 하고 연구만 하는 그 때문에 가족들은 경제적으로 어려움을 겪는다. 그런데도 그는 가족의 어려움은 물론 다른 이들의 쑥덕거림에도 아랑곳하지 않고 연구에만 몰두할 뿐이다. 그는 처음에는 주인아저씨를 이상하게 보았지만 꿈에 관한 조언을 들으면서 조금씩 이해하게 된다.

"자네는 꿈이 뭔가?"

"금융권 대기업 직원인데요."

"아니, 그런 것 말고 꿈 말이야. 어떤 직업을 갖는 것, 그게 꿈일 순 없지 않은가."

"전 그게 꿈인데요? 회사 들어가면 새로운 꿈이 생기겠죠."

"참 편안하게 생각하는군."

"하지만 꿈이 밥을 먹여주지는 않잖아요?"

"죽기 직전에 못 먹은 밥이 생각나겠는가? 아니면 못 이룬 꿈이 생각나겠는가?"

대학생 주인공처럼 대부분의 사람은 '꿈'보다 '밥'에 많은 시간과 비용을 투자한다. 세상이 원하는 성공의 기준인 연봉과 복지에 연연하면서 말이다. 하지만 아무리 바보같이 보이더라도 우직하게 꿈을 향해 걸어가는 주인아저씨를 보면서 진정으로 '나'를 위한 인생이 어떤 것인지 배울 수 있다. 1인 기업가가 되기 위해선 가장 먼저 이처럼 주체적인 인생을 사는 자세를 가져야 한다.

프리랜서들과 1인 기업가의 차이점은 성공에 대한 기준이 다르다는 것이다. 1인 기업가는 세상이 강요하는 기준이 아니라 스스로의 기준에 따라 산다. 세상의 기준대로 살아가면 언젠가는 팽 당한다는 것, 훗날 먹지 못한 밥보다 이루지 못한 꿈에 대해 후회하게 된다는 것을 잘 알기 때문이다.

1987년 펩시콜라 캐나다 법인 CEO로 취임하던 날 직원들과 고객사, 기자들이 있는 자리에서 코카콜라 자판기를 총으로 쏘면서 코카콜라를 이기겠다고 의지를 밝혀 화제가 되었던 케빈 로버츠가 있다. 그 일로 '괴짜 CEO'라는 별칭까지 얻은 그는 현재 세계 100대 기업 중 60곳과 거래를 하고 있으며, 연간 60억 달러의 이익을 창출하는 세계적인 광고 대행업체인 사치앤사치의 대표이기도 하다.

17세 때 고등학교를 중퇴한 그는 취업할 수 있는 회사가 많지 않았던 탓에 화장품으로 유명한 메리퀸트코스메틱스사에서 일을 하게 된다.

입사 면접 때 그는 면접관에게 색다른 제안을 했다.

"앞으로 6개월 동안 전임자 월급의 반만 받고 일하겠습니다. 나중에 제가 그만한 가치가 있다고 판단되시면 그때부터 제 능력에 맞게 월급을 주십시오."

말이 그렇지 누구도 전임자 급여의 반만 받고 일하고 싶지는 않을 것이다. 하지만 그는 메리퀸트라면 앞으로 글로벌 기업으로 성장할 회사이고 많은 것을 배울 수 있겠다는 생각에서 당장의 월급보다 미래를 보고 자신을 투자하기로 마음먹은 것이다. 그렇게 해서 방수 립스틱, 방수 마스크 팩을 개발하면서 본격적인 브랜드메

이커로 활약할 기회를 얻었다.

만일 그가 연봉에 연연했다면 자신의 꿈은 물론 잠재력을 발휘하지 못했을 것이다. 이처럼 연봉에 연연하지 하지 않으면 잠재된 성공 DNA를 꺼내 사용할 수 있게 된다.

11년간 자전거 하나로 전 세계 10만 킬로미터를 달리며 대한민국 자전거 라이너 1세대라 불리는 차백성 씨가 있다. 그는 11년 전 대기업 건설회사 상무였으며 자신의 분야에서 최고의 실력으로 높은 연봉과 처우를 받고 있었다.

하지만 어느 날부턴가 한 번뿐인 인생 가슴 뛰게 살다가 죽고 싶다는 생각이 들기 시작했다. 그동안 일에만 파묻혀 사느라 가슴 깊은 구석에 잠재워두었던 진정한 내 인생에 대한 욕구가 30년 만에 깨어난 것이다. 당시 아내와 중학생 아이가 있는 상태에서 결코 쉬운 결정은 아니었지만 남은 인생을 후회 없이 살다 가기 위해 그는 미련없이 사표를 던졌다.

그 후 미국, 일본, 중국, 유럽 등 세계 곳곳을 자전거로 여행하면서 자전거 전문잡지인 〈자전거 생활〉에 글을 연재하고, 한국관광공사 자전거 홍보 대사를 하면서 진정으로 자신을 위한 직업을 찾게 되었다. 허벅지가 마비될 듯하고 폐가 터질 것 같은 힘겨운 순간, 광활한 대자연과 역사의 현장 앞에서 저절로 느껴지는 숙연함

등을 담은 생생한 자전거 여행기 《아메리카 로드》,《재팬 로드》도
출간했다.

그는 어느 기자와의 인터뷰에서 인생 2막을 준비하는 직장인에
게 "인생은 자전거와 같아서 꿈이 멈추면 쓰러진다"라고 조언한
다. "새로운 것을 꿈꾸는 이들에게 우선, 현재 자기 일에서 대한민
국 최고가 된다는 생각으로 몰두하다 보면 거기서 가능성도 열리
고 새로운 관계도 따라온다고 힘줘 말하고 싶습니다. 지금 여러분
이 서 있는 자리를 튼튼하게 만드시고 천천히 자신을 살펴보면 분
명 자신만의 꿈이 있을 겁니다. 쉬지도 말고 서두르지도 마십시오.
그렇게 꿈을 발견한 뒤엔 인생을 어떻게 살아가야 할지 자연스럽
게 알게 될 것입니다. 아무리 작은 분야라도 남이 넘볼 수 없는 일
가(一家)를 이룬다면 성공한 인생입니다."

1인 기업가가 되기 위해선 차백성 씨처럼 성공의 기준을 철저히
자신을 중심으로 설정해야 한다. 연봉 또는 돈이라는 기준 안으로
자신을 몰아넣으면 시간이 지날수록 벼랑으로 내몰리게 된다.

나는 1인 기업으로 성공한 사람들을 보면서 한 가지 사실을 깨
달을 수 있었다. 모든 사람에게는 저마다 꿈과 비전이 있지만, 그
럼에도 인생이 달라지지 않는 것은 연봉과 같은 현실적인 부분에
초점을 맞추기 때문이다. 그 때문에 인생에서 정작 꿈과 비전을

실현할 수 있는 가장 중요한 시기에 회사에 시간과 열정을 소진하
게 된다.

　인생 2막은 지금보다 여유롭고 풍요롭게 살아갈 수 있다. 그러기
위해선 인생의 큰 청사진을 그려야 한다. 그리고 연봉보다 중요한
꿈과 비전을 향해 나아가야 한다. 그 과정에서 내가 직원이자 오너
가 되는 1인 기업가를 차근차근 준비해나간다면 갈수록 시간은 내
편이 될 것이다.

지식, 경험, 노하우가 자본이 된다

지금 대한민국은 지상파는 물론 케이블 TV까지 합세해서 명사 특강이 넘쳐나고 있다. 일부 전문가들이 강의·강연 시장 규모가 2조 원이 넘을 것이라고 추산할 정도로 앞으로 성장 가능성이 큰 시장이다. 그래서 스타급 강사들은 한 시간 특강료가 평범한 직장인 봉급의 몇 달 치를 넘는 경우도 많다. 그 이유는 스타급 강사들의 브랜드 가치로 가격을 정하기 때문이다.

몸값이 하늘처럼 높은 강사들에게는 빠지지 않는 성공 요소가 있다. 바로 자신만의 지적 자본, 즉 지식, 경험, 노하우가 탄탄하다는 것이다. 자기 분야에서 깊이 있는 공부와 연구를 통해 알게 된 지적 자본을 강연 형식으로 청중에게 전달한다. 그러므로 성공하는 1인 기업가가 되고자 한다면 반드시 지식과 경험, 노하우를 갖추어야 한다.

나는 1인 기업가로 전환하기 위해 다음 세 가지를 자문해보라고 말한다.

첫째, 시장에서도 통용될 수 있는 확고한 콘텐츠인가?

1인 기업가는 누구보다 고객의 니즈를 파악하고 있어야 한다. 예를 들어 사내 강사들은 실력이 낮다고 평가받으면 인사상 불이익을 받는다. 하지만 강연으로 사업을 하는 1인 기업가들은 고객에게 낮은 평가를 받으면 대번에 섭외 대상에서 제외된다. 그러면서 서서히 설 자리가 좁아진다.

강사는 최전선에서 가장 빠르게 평가받고 냉정한 결과를 받는다. 그러므로 자신만의 유희나 즐거움이 아니라 시장에 통용될 수 있는 콘텐츠인가를 항상 고민해야 한다. 만약 시장에 통용될지가 불확실한 콘텐츠가 있다면 봉사 활동 형식으로 검증하는 것도 좋은 방법이다. 그것이 어렵다면 콘텐츠 시장의 보고이자 유행의 신호탄이라 할 수 있는 출판 시장을 유심히 지켜보면서 검증하는 것도 좋다.

둘째, 자신의 실제 경험을 사람들에게 증명할 수 있는가?

세계적인 동기부여가 앤서니 라빈스는 빌딩 청소부 시절 자신에게 했던 질문 기법으로 운명을 바꾸었다. 그리고 10년 만에, 전용헬기를 타고 수만 명의 청중이 자신을 기다리고 있는 강의 장소로 가던 중 과거 자신이 청소했던 빌딩을 바라보면서 느낀 감정을《네 안에 잠든 거인을 깨워라》라는 책에 담았다.

현재 그는 전 세계적으로 개인은 물론 기업의 조직을 혁신시키는 변화 심리학의 최고 권위자로 자리매김했다. 자신이 직접 체험하였으며 자신의 운명을 바꾼 NLP 교육 기법을 책으로 펴내고 강의를 통해 전파하고 있다.

만일 그가 설파하는 NLP 교육의 효과가 불분명하다면 지금처럼 위대한 성공을 이루지 못했을 것이다. 어쩌면 사기꾼으로 전락했을지 모른다. 하지만 그가 직접 경험한 NLP 교육은 많은 사람의 인생 역시 놀라울 정도로 변화시켰다. 이처럼 1인 기업가에게 필요한 요소 가운데 한 가지는 자신의 경험을 사람들 역시 경험하고 더 나은 인생을 살 수 있도록 하는 콘텐츠를 갖추는 것이다.

셋째, 내가 가진 콘텐츠가 전문적인 이론을 담고 있는가?

현재 우리나라 민간협회에서 발급하는 자격증은 4,000가지가 넘는다. 그만큼 다양한 분야에서 전문적인 이론이 생겨난다는 것이다. 갈수록 대중 니즈 수준이 높아지면서 공신력을 따지는 일이 많아졌기 때문이다. 따라서 자신이 갖고 있는 콘텐츠가 전문적인 이론을 담고 있는지 고민해야 한다.

지금 이 시대에는 콘텐츠가 힘이다. 고객에게 보여주는 콘텐츠가 부실하다면 처음에는 호기심을 보이던 사람들도 이내 돌아서고 말 것이다. 시장은 냉정하기 때문이다. 그래서 1인 기업가는 자신의 능력뿐 아니라 고객들의 가슴을 뛰게 할 콘텐츠를 갖춰야 한다.

이상의 세 가지를 갖춘다면 무형의 자산으로 인생 2막을 위한 파이프라인을 충분히 구축할 수 있다. 물론 세 가지 모두를 갖추기란 쉽지 않다. 1인 기업을 운영하면서 부족한 부분을 하나씩 채워나가는 것도 한 방법이다.

다음에 소개하는 1인 기업가들의 사례를 보면서 자신의 지식, 경험, 노하우 중 어느 것을 더 강화하면 1인 기업가로 전환할 수 있는지 생각해보자.

사례 1: 대한민국 대표 연애 컨설턴트 송창민 씨

《연애 교과서》란 책으로 연애에 관한 새로운 시장을 만들어냈다. 그동안 이성을 유혹하는 기술 관련 책은 많았지만 대부분이 어려운 심리학과 함께였고, 대중적으로 활성화되지 않았다. 하지만 그는 자신의 연애 경험을 바탕으로 연애에 대한 새로운 생각과 철학을 이야기한다. 특히 연애가 자기계발이라는 새로운 사고 방식을 심어주고 쉽게 읽히는 심리학까지 가미해 이론을 보충했다. 그가 진행하는 강의도 '기념일' 같은 실질적인 연애 기법이 담겨 있어 고객의 니즈를 만족시킨다. 16만 명이 넘는 온라인 커뮤니티를 운영하고 개별적인 일대일 코칭도 하는 중이다. 연애는 누구나 가지고 있는 오래된 고민인데, 이를 새로운 콘텐츠로 정립해 자신만의 것으로 상품화한 것이다.

사례 2: CS 강사 김대중 씨

한때 고려대학교 앞에서 '번개'라 불리는 중국집 배달원을 했던 김대중 씨. 특유의 옷차림과 큰돈이 들지 않으면서도 고객을 즐겁게 하는 서비스, 그리고 배달원의 핵심인 빠른 배달로 고려대생들에게 인기 최고였다. 그가 그토록 치열하게 노력한 이유는 고려대 학생들과 특별한 관계를 형성하기 위해서였다.

그러다가 우연히 마케팅 관련 교수의 부탁으로 강의를 하게 되는데 자신만의 배달 기법과 서비스 정신이 참신하다는 평을 받으면서 다른 곳에서도 강의 의뢰가 줄을 이었다. 그리고 서서히 입소문이 나면서 TV 출연까지 하게 되었다.

때마침 서비스 마인드와 고객 감동이라는 트렌드가 대한민국 기업들 사이에 자리를 잡으면서 순식간에 인기 강사로 우뚝 섰다. 공문서 도용이라는 범죄로 잠시 활동이 주춤했지만 더욱 성숙한 강사로 대중에게 돌아왔다. 배달 당시 입었던 옷과 각종 소품 그리고 세부적인 서비스 내용까지 더해져 대학교, 기업, 각종 단체에서 앞다퉈 모셔가는 1인 기업가가 되었다. 그는 실제 중국음식점 사장이기도 하다.

사례 3: 온라인 성실국수 대표 이현정 씨

무역회사에서 일하는 이현정 씨는 성실국수 온라인 쇼핑몰을 운영하는 투잡족이면서 1인 기업가다. 성실국수는 녹차와 당근, 쑥 등의 천연재료로 국수 면을 만들어 판매하는 업체다. 2년 전쯤 국수를 좋아하는 할머니 생각에 근처 국수 공장을 직접 방문했다. 형형색색 예쁜 색깔의 국수가 기계에서 나오는 것을 보고 집으로 달려가 곧장 시장조사를 시작했다.

당시에는 비슷한 업종의 온라인 쇼핑몰이 거의 없었기에, 제품력을 갖추고 홍보만 제대로 하면 시장을 파고들 수 있으리라 생각했다. 또 새로운 브랜드를 만드는 것보다 공장과 제휴해서 인터넷 쇼핑몰을 운영하는 것이 쉬울 거라 판단했다. 그래서 성실국수 대표를 찾아가 제휴계약을 맺고 주요 포털 사이트와 오픈마켓의 키워드 검색 광고를 진행했다. 그뿐 아니라 기숙학원과 식품유통업체, 학교 등에 홍보 메일을 보내는 것도 빠트리지 않았다. 이런 노력 덕분에 서서히 판로가 개척되었고, 발품을 팔면서 개척한 덕에 아시아나항공의 기내식으로도 납품되면서 1년 뒤 손익분기점에 도달했다. 현재는 어느 정도 수익을 내는 1인 기업이 되었다.

그녀는 고객의 문의가 있을 때 피하거나 다른 사람에게 미루기보다 틈날 때마다 공장에서 직접 제품을 생산하면서 국수에 대한 지식을 쌓으며 해결책을 찾았다. 현재 호스팅 전문 업체나 쇼핑몰 동호회에서 주관하는 교육에도 참석하는 등 1인 기업으로 실력을 쌓아가고 있다.

언론사에서 서서히 성실국수를 주목하면서 그녀 또한 직장과 사업을 병행하는 투잡족의 브랜드로 자리를 잡았다. 그녀의 모든 사업 전략에는 무역회사에 다니면서 쌓은 기초 지식이 바탕이 되었다.

이처럼 직접 생산수단을 갖추지 않고도 지적 자산, 즉 지식, 경험, 노하우로 어떤 유형의 기업보다 더 탄탄한 파이프라인을 구축할 수 있다.

대한민국은 1인 기업의 전성 시대를 맞고 있다. 지금 자신이 좋아하거나 잘하는 일을 토대로 자신의 브랜드 가치를 높이기 위해 애써야 한다. 자신이 평범하다고 생각될수록 자신이 가진 지식, 경험, 노하우를 보잘것없다고 여기기보다 그 안에서 황금알을 낳는 닭을 찾아내고자 노력해야 한다.

지금부터 자신이 팔 수 있는 것이 무엇인가 고민해보자. 그리하여 가슴 뛰는 드림워커로 살아가 보자.

06

업무지식,
취미생활이
수입원이 된다

　직장에서의 업무는 밥벌이에 불과한 것이 아니다. 찾아볼수록 엄청나게 많은 것을 제공한다. 자기 사업을 일으켜서 크게 성공한 사람들을 보면, 과거 직장 생활을 할 때 누구보다 치열하게 했고 어떻게 하면 업무 효율을 올릴 수 있을까 고민했다. 그리하여 그들은 조직 생활을 하면서 업무지식과 노하우를 쌓을 수 있었다.

　지금 이 시대에는 업무지식이 중요한 지적 자산이다. 오죽했으면 한때 고위공직자들이 일을 하면서 쌓은 업무지식과 인맥으로 정년퇴직 후 민간 기업에 재취업을 하자 대통령까지 나서서 고위 공무원의 업무지식은 '사회적 공공재'라고 꼬집어서 비난했을까.

그만큼 업무지식은 눈에 보이지 않는 미래의 주요 자산이자 수입원이 된다.

업무지식이 수입원이 되는 이유는 현재 베이비부머 세대들의 주요 창업 아이템인 치킨집을 보면 알 수 있다. 지난 10년간 치킨 전문점은 매년 평균 7,300개씩 생겼지만 평균 5,000개씩 폐업을 한 것으로 나타났다. 평균 생존기간이 2.7년이라는 통계가 있을 정도로 경쟁이 치열한 시장이다. 문제는 성공하지 못하면 그동안 모은 재산까지 다 날릴 것을 알면서도 문을 열고, 맞은편에 치킨집이 있어도 가게를 오픈한다는 것이다.

특히 대기업이 운영하는 프랜차이즈 치킨집이 75퍼센트를 차지하는데 그 이유는 식자재 공급이 원활하고, 대기업이 운영하기 때문에 신뢰를 받기 때문이다. 그럼에도 많은 이들이 대기업 프랜차이즈에 뛰어드는 본질적인 이유는 운영하기가 쉬워서다. 달리 방법이 없고 쉬워서 프랜차이즈에 몰린다는 얘기다. 하지만 경력이나 경험과 관계없는 창업에서 성공 가능성은 당연히 매우 낮을 수밖에 없다.

주변을 둘러보면 아무런 지식이나 경험, 노하우 없이 일단 저지르고 보자는 심정으로 창업하는 사람이 많다. 이런 현실에서 코리아나화장품의 '화장하는 CEO' 유상옥 대표의 성공 스토리는 업무

지식을 바탕으로 1인 기업을 대한민국 대표 기업으로 키운 노하우를 전해준다.

1933년 청양의 가난한 농사꾼 집안에서 태어나 집안의 생계를 위해 고교 시절부터 신문을 돌린다. 당시 그의 소원이 '잠 좀 실컷 자는 것'이었다고 말할 만큼 힘든 생활이었다. 어렵게 고려대학교 상경대를 졸업하고 동아제약 공채 1기로 입사한다. 입사 후 열정적인 자세와 탁월한 업무 능력으로 입사 9년 차인 35세 때 이사로 승진한다. 그가 인정을 받은 결정적인 계기는 퇴근 후 아무도 없는 사무실에서 혼자 짜장면으로 저녁을 때워가며 공인회계사 자격증을 준비하는 모습을 경영자가 본 것이다.

그 후 그는 인생의 전환점이라 표현하는 라미화장품의 대표이사로 발령이 난다. 직원들과 각고의 노력 끝에 만성적자에 시달리는 회사를 살려내지만, 노조와의 임금협상 실패라는 이유로 다시 인사발령을 받는다. 이 일로 고민을 거듭하던 그는 사표를 던지고 동아 그룹을 떠난다. 당시 55세로 결코 적지 않은 나이였지만, 발품을 팔면서 배운 영업지식을 무기 삼아 1988년 30평 사무실에 전화기 2대를 놓고 코리아나화장품을 창업한다.

그 후 5년 만에 매출 1,000억 원을 기록하면서 500대 기업에 진입한다. MBC 다큐멘터리 〈성공시대〉에 출연해 창업 성공의 비밀이 무엇이냐는 질문을 받자 가장 잘 아는 분야만 철저히 파고든 점이라고 밝힌다. 말 그대로 그는 열정과 노력, 해당 분야의 전문적인 업무지식과 경험, 노하우만으로도 얼마든지 성공할 수 있음을 보여주었다.

1인 기업을 꿈꾸는 사람들은 업무지식으로, 즉 아는 분야로 창업해야 성공할 확률이 높다. 전문가들도 짧게는 3년, 길게는 10년 이상 해당 분야에서 경험과 노하우를 쌓은 뒤 창업하라고 조언한다.

또 다른 유형으로, 업무지식의 문제점을 활용해 1인 기업을 시작한 주인공이 있다. 《행복한 노후설계 무작정 따라하기》, 《긴 인생 당당한 노후, 펀드투자와 동행하라》의 저자이자 은퇴설계 분야에선 국내 대표 주자인 우재룡 서울은퇴자협동조합장이다. 그는 금융회사에서 은퇴 관련 업무를 담당하면서 공포 마케팅으로 고객을 유치했다.

"월 200~300만 원 정도 쓰며 평소의 삶을 유지하려면 은퇴자금으로 5억 원이 필요하고 월 300~400만 원 정도 쓰며 풍요롭게 살려면 10억은 모아야 합니다."

"아이들 교육시키면서 그건 불가능합니다. 더욱이 결혼자금까지 마련해야 하잖아요?"

"그럼 자녀한테 지출하지 마세요, 자식한테 올인하지 마세요."

그는 고객들과 상담할 때 이렇게 말하곤 했는데 종종 공포 마케팅이라는 항의를 들었다. 사실 그 내용은 금융기관이 마케팅용으로 개발한 것이다. 그는 자신의 업무가 가족 간의 관계를 깰 뿐만 아니라 금융기관이 해준 은퇴 설계만으로는 노후를 준비할 수 없다는 문제점을 찾아낸다. 그리고 고민 끝에 사표를 내고 새로운 은퇴 방법을 철저하게 연구한다.

은퇴 후 서울은퇴자협동조합을 창립한다. 부부가 노후비용을 장만하는 데 집중하는 것이 아니라 노후비용을 줄이고, 여럿이 함께 노후를 준비하며 노인이 노인을 돌보는 '노노케어(老老-care)'의 간병크레딧 방식으로 지역 비영리단체와 함께 '보이지 않는 실버타운'을 만드는 것이 목적이다. 자신의 그간 업무지식을 바탕으로 문제점에 착안해 1인 기업이 된 사례다. 그렇게 해서 그는 노후준비를 금융기관과 함께할 수밖에 없는 조건에서 새로운 노후설계 시장의 블루오션을 개척했다.

업무지식 외에 1인 기업가가 될 수 있는 또 다른 방법이 있다. 바로 취미생활을 수입원으로 연결하는 것이다. 실제로 자신의 취미생활을 일로 연결해서 즐겁게 1인 기업가로 활동하는 이들이 헤아릴 수 없이 많다.

처음에는 단순한 취미로 시작했지만 억대 연봉 CEO이자 실용서로 보기 드문 베스트셀러 작가가 된 송영예 바늘이야기 대표가 있다. 처음에는 태교를 위해 뜨개질을 시작했다. 워낙에 차분한 성격이기도 했거니와 건설업을 하는 남편의 잦은 출장으로 뜨개질에 점점 몰입하게 되었다. 그리고 1998년 인터넷으로 뜨개질 관련 강의를 하면서 본격적인 1인 기업을 시작한다.

다음 해에는 집 근처 대형마트에서 10평 가게를 얻어 뜨개질 강의와 재료 판매를 시작한다. 당시는 IMF 직후라 많은 여성이 창업을 꿈꾸거나 가족에 대한 사랑에 관심이 많은 시기였다. 시기를 잘 만나 개업 2년 만에 100개가 넘는 체인망을 확보했다. 그런데 갑작스러운 사업 확장으로 난관을 만난다. 실을 대량 구매하고 입금을 하지 않는 등 불량 점주들이 생기면서 큰 피해를 본 것이다. 승승장구하던 사업에서 성장통을 겪었지만 불량 체인점의 과감한 구조조정과 재교육을 통해 어려움을 극복한다.

각종 상을 휩쓴 실력까지 더해져 지금 그녀는 뜨개질에 조금만 관심 있는 사람이라면 이름을 모르는 사람이 없을 정도로 유명해졌다. 만약 과거에 그녀가 자신을 평범한 주부라 생각하고 단순 취미로 뜨개질만 했다면 지금쯤 그녀의 인생은 어떨까? 자신의 재능을 살리지 못한 채 평범한 주부로서 살아가고 있을 것이며, 지금의 송영예라는 브랜드도 없을 것이다.

이렇듯 DIY, 꽃꽂이, POP 등 많은 취미 분야에서 1인 기업이 된 여성들의 사례가 많다. 지금 이 순간에도 누군가는 자신의 취미생활에 대한 책을 집필하거나 공방을 운영하거나 강연 활동을 통해 브랜딩에 열을 올리고 있다.

시간과 치열한 열정과 강한 도전정신만 있다면 업무지식과 취미생활을 자본으로 누구나 1인 기업가가 될 수 있다. 돈이 되는 수입원은 결코 먼 곳에 있지 않다. 지극히 일상적인 곳이자 가장 가까이에 있다.

현대 그룹의 창업주 정주영 회장은 자주 이런 말을 했다.

"온 천지가 돈벌이로 보인다."

그만큼 제대로만 보면, 수입원은 온 천지에 있다고 해도 과언이 아니다. 자꾸만 나와 동떨어진 곳에서 찾으려고 하기에 쉽게 보이지도 않고 어렵게만 생각되는 것이다. 지금부터라도 자신의 업무지식과 취미생활을 허투루 여기지 말고 유심히 관찰해야 한다.

:: **07** ::

1인 기업으로
삶이
바뀐다

우리는 저마다 좋아하고 잘하는 한 가지씩을 가지고 있다. 이젠 그것을 더욱 발전시켜 세상에 공익을 실현하는 1인 기업가가 되어야 한다. 1인 기업은 자신의 운명과 세상을 바꾸는 자기혁명이다.

1인 기업가는 성공이나 행복에 대한 기준을 스스로 정한다. 이에 비해 직장인들은 자신의 기준이 아닌 남들의 기준에 따라 움직인다. 내가 직접 길을 만들어서 가는 것이 아니라 많은 이들이 먼저 갔던 길을 선택하는 경향이 있다.

최효찬 자녀경영연구소 소장의 저서 《한국의 1인 주식회사》에서는 "조직에서 경제적인 문제가 해결되고, 근무를 통해 보람을 느낀다면 1인 기업을 하지 말라"고 조언한다. 1인 기업가가 되기까지는 많은 역량을 쏟아 부어야 하는데, 그만큼 조직에 적응된 사람에게는 힘겨운 일이기 때문이다.

그러나 일에서 보람보다는 회의가 들고 성과보다는 시간을 파는 직장인이라는 생각이 든다면 인생 2막을 위한 또 다른 대안이 필요하다. 즉, 1인 기업가로의 변신이 필요한 시점이라는 말이다.

직장동료들과 술잔을 기울이면 어김없이 신세 한탄을 하는 말이 나온다.

"에이, 정말 지금 회사에서 일하는 에너지를 내 사업에 쏟는다면 분명 성공하고도 남을 텐데…."

"내가 앞으로 얼마나 더 직장 생활을 할 수 있을까? 아직 갚아야 할 아파트 대출금도 까마득하고, 아이들에게 돈 들어갈 날도 한참 남아 있는데…."

그렇다. 동시대를 살아가는 직장인은 누구랄 것 없이 외롭고 힘들다. 그래서 때로 어깨를 짓누르는 등짐을 내려놓고 무작정 어딘가로 떠나고 싶어질 때가 있다. 그렇다고 해서 당장 충동적으로 사표를 내던지는 것이 답이 될 수는 없다. '마인드 셋(mind set)'을 통해 1인 기업가로 운명을 바꾸는 자기혁명을 시작해야 한다. '회사형 인간'에서 '1인 기업형 인간'으로 변화하는 과정에서 처음에는 불안과 두려움 같은 저항이 생길 것이다. 하지만 1인 기업가라는 확고한 목표를 정해놓고 먼저 성공한 사람들의 발자취를 연구하면서 노력하다 보면 어느새 홀로서기에 성공하게 된다.

1인 기업가로 운명을 바꿔줄 마인드 셋을 위해서는 다섯 가지 변화가 필요하다. 현재 잘나가는 1인 기업가들 역시 다음 다섯 가지 변화를 통해 지금의 위치에 오를 수 있었다.

첫째, 학습 자세의 변화다.

1인 기업가는 고객과의 최전선에 있고, 해당 분야 지식을 가장 먼저 받아들이고 적용하는 직업이다. 따라서 늘 1인 기업가의 마음으로 학습해야 한다. 나는 방과 후 교사 경험을 살려 재취업을 준비하는 주부들을 대상으로 특강을 한 적이 있다. 그때 유독 눈에 띄는 수강생이 있었는데 앞자리에 앉아서 특강 중간중간에 적극적으로 질문했다.

쉬는 시간에 그녀와 이야기를 나눌 기회가 있었는데, 그녀는 초등학교에서 다른 프로그램으로 방과 후 교사를 하고 있다고 했다. 어느 분야든 마찬가지지만, 특히 방과 후 교사 분야는 학부모의 요구사항 변화가 심하며 매 학기 계약을 하는 입장에서 공부를 치열하게 하지 않으면 재계약이 이루어지지 않는다고 했다. 1인 기업가가 되고, 또 최고가 되기 위해선 지속적인 학습이 이루어져야 한다. 그래야 생존을 넘어 '나'라는 브랜드 가치를 최상으로 끌어올릴 수 있다.

둘째, 시간을 관리하는 자세의 변화다.

조직 생활을 하면 야근을 해도 퇴근 후 집에서 편히 휴식을 취할 수 있다. 하지만 1인 기업가는 나 자신이 직원이자 오너인 만큼 365일 24시간 어디에서든 일에 대해 생각하고 고민해야 한다. 직장인들은 너무 힘들지 않느냐고 말할지 모르겠지만 내가 보기에 이것은 오히려 1인 기업의 가장 큰 장점이자 매력이다. 1인 기업이 행복하고 시간이 갈수록 승승장구하는 이유이기도 하다.

나는 1인 기업가의 가장 큰 매력으로 내 시간을 내가 컨트롤할 수 있다는 점을 꼽고 싶다. 하지만 철저한 자기관리가 되지 않으면 게을러지거나 타성에 젖게 된다. 따라서 1인 기업을 꿈꾸는 사람에게는 시간에 대한 마인드 셋이 필요하다. 먼저 직장 생활을 하고 있는 지금부터 시간을 관리하는 연습을 해야 한다. 출근 전 시간, 퇴근 후 시간 그리고 주말에도 시간에 끌려가기보다 통제한다는 생각으로 생활해야 한다.

셋째, 인맥에 대한 개념을 재정립하는 변화다.

인맥이 넓다는 의미는 그만큼 다른 사람들에게 시간을 투자했다는 것이다. 하지만 찬찬히 살펴보면 인맥이라는 것은 무작정 사람들과 관계한다고 해서 넓어지는 것이 아니다. 내 꿈과 비전, 일과 생각, 개념, 철학 등이 비슷하거나 일맥상통하는 이들이어야 인맥 관계가 형성된다.

인맥이 넓어 '마당발'이라고 불리는 사람들이 있다. 이들은 인맥을 형성하는 자신만의 필살기를 갖고 있다. 나는 1인 기업가를 꿈꾸거나 준비하고 있다면 마당발이라는 말을 듣는 이들을 찾아 그 노하우를 배우라고 말하고 싶다. 1인 기업의 고객은 사람이다. 따라서 인맥이 넓어야 1인 기업으로 자리매김하고 수입원이 되는 파이프라인을 더욱 탄탄하게 구축할 수 있다.

넷째, 우선순위를 정해두고 일하는 습관의 변화다.

특히 직장을 다니면서 1인 기업을 준비하면 절대적인 시간 부족에 시달린다. 시소를 균형 있게 타지 못한다면 자칫 직장과 미래, 두 가지 모두 놓치게 된다. 그래서 나는 직장인들에게 그냥 두서없이 일을 하기보다 우선순위를 정해서 처리하라고 조언한다. 즉, 맡은 해내야 하는 일에 대해 집중력을 배분하라는 말이다. 더 미루지 말고 지금부터 우선순위를 정해서 일하는 연습을 해야 한다. 그래야 일에 파묻히지 않으면서 즐겁게 1인 기업을 경영할 수 있다.

다섯째, 벤치마킹하는 능력의 변화다.

나는 예비 1인 기업가들에게 성공하는 사람들을 벤치마킹하는 능력을 향상시켜야 한다고 말한다. '이 지구상에 완전히 새로운 것은 없다'는 말이 있다. 기존에 있는 그 무엇에 추가한 것이 세상에는 새로운 것이고 변화의 바람이다. 성공자들은 하나같이 남들이 가진 장점에다 자기 생각과 노하우, 철학을 얹어서 자기 것으로 만드는 능력이 뛰어나다. 따라서 당신도 벤치마킹하는 능력을 높여야 한다. 벤치마킹하는 능력만 향상되더라도, 그렇지 않은 사람들에 비해 1인 기업으로 나아가기가 훨씬 유리하다.

직장인에서 1인 기업가로 전환하기 전에 꼭 체득해야 할 다섯 가지를 살펴봤다. 이 다섯 가지를 반드시 내 것으로 만들기 위해 노력해야 한다.

요즘엔 경제적인 문제 때문에 자살이라는 극단적인 선택을 했다는 뉴스가 하루가 멀다고 전해진다. 이런 소식을 들으면 정말 안타깝다. 아무리 힘들더라도 조금만 더 버텼으면 싶기 때문이다.

문화 전문가들은 시간이 갈수록 자살하는 사람들이 늘어나는 원인이 스스로 선택할 기회가 적은 데 있다고 지적한다. 기성 세대는 물론 대부분 학교, 학원, 직업 심지어 창업까지 남들이 하는 대로 따라 한다. 그렇게 '나'는 빠진 채 자신만의 생각이나 철학 없이 대중이 하니까 덩달아 따라 하게 되면 빈껍데기 같은 인생을 살게 된다.

과거보다 나은 오늘, 오늘보다 나은 미래를 만들고자 한다면 어떤 일이건 스스로 선택하고 결정해야 한다. 특히 1인 기업을 시작한다는 것은 운명을 바꾸는 일이므로 남의 눈치를 보며 하는 것이 아니라 깊은 고민 속에서 스스로 선택해야 한다. 그러할 때 지금껏 살아왔던 것보다 더 즐겁고, 풍요롭고, 행복하게 살아갈 수 있다.

2장

그대 스스로를
고용하라

:: **01** ::

3년, 5년 후의
내 모습을
떠올려라

얼마 전 분주하게 강의 장소로 이동하던 중 연료 부족 메시지가 떠서 가까운 주유소로 향했다. 그런데 그 주유소에서 뜻밖의 지인을 만났다. 나를 맞이한 주유원은 5년 전 LPG 충전소에서 함께 근무했던 J 선배였다. 오랫만에 선배를 만나서 무척 반가웠다.

나는 반가움에 얼굴 가득 웃음을 담아 알은체를 했다.

"선배님, 정말 오랜만이시네요."

"어, 그래…. 석일이네. 잘 지내지?"

"선배님, 여기서 일하세요?"

"응. 넌 요즘 뭐해?"

"직장 다니면서 틈틈이 책 쓰고 강연 다니고 있어요."

"그렇구나…."

틈틈이 책 쓰고 강연 다닌다는 말에 선배는 놀라는 눈치였다. 또 왠지 모르게 선배가 나를 피하는 것 같기도 했다. 그래서 더는 대화를 나누지 못하고 주유가 끝나자마자 짧은 인사를 한 뒤 강연 장소로 이동했다.

그날은 여느 날보다 열정적으로 강연했고 청중의 반응 역시 최고였다. 강연이 끝난 후 나에게 다가와 명함을 달라고 요청하는 사람들, 사인을 해달라는 사람들, 이런저런 고민을 토로하는 사람들도 있었다.

강연을 마치고 집으로 차를 몰고 오는데 문득 몇 시간 전에 주유소에서 만났던 선배가 떠올랐다. 사실 내가 지금처럼 책을 쓰고, 강연을 다니는 등의 일을 할 수 있었던 것은 어떻게 보면 그 선배 덕분이다. 5년 전 그는 나에게 '앞으로 5년 후의 네 모습을 떠올려보라'며 자기계발을 강조했다. 하지만 정작 그는 일이 끝나면 사무실 2층에 있는 숙소에서 동료들과 포커를 치거나 컴퓨터 게임을 하며 시간을 보냈다. 나는 언행일치가 안 되는 선배의 모습을 보면서 이해가 되지 않았다.

나는 선배의 말대로 5년 후의 내 모습을 떠올려봤다. 5년 후나 지금이나 별반 차이가 없었다. 이대로 시간이 흘러간다면 내 인생은 바닥을 면치 못할 거라는 두려움이 엄습했다. 그러자 자연스레 자기계발서를 읽는 등 자기계발에 눈을 돌리게 되었다. 그러다가 고민 끝에 지금보다 나은 미래를 위해 사표를 냈다. 그리고 좀더 안정적인 직장에 들어갔고, 퇴근 후 스피치학원에서 스피치를 배우는 등 나 자신을 부단히 갈고닦았다. 그 결과 지금은 청소년과 직장인들을 대상으로 강연을 하고 있다.

5년 전의 한 장면이 지금도 생생하게 떠오른다. 내 또래 대학생들이 피서를 가느라고 타고 있는 렌터카에 나는 땀을 흘리며 가스를 충전하고 있었다. 그때 나는 마음속으로 '비록 지금은 내 모습이 초라해도 5년 후에는 분명 달라져 있을 거야' 하고 생각했다. 때로 직장 일이 바쁘거나 몸이 불편할 때는 사람들 앞에서 강연을 하는 일이 더 힘겹게 여겨질 때도 있다. '오늘 하루만 쉴까' 하는 생각이 들기도 한다. 하지만 그럴 땐 5년 전의 내 모습을 떠올리면서, 그때 가졌던 초심을 잊지 않으려고 각오를 더 단단히 다진다.

"3년, 5년 후의 내 모습을 떠올려보십시오. 지금보다 더 나은 모습을 하고 있습니까? 아니면 그 반대의 모습을 하고 있습니까? 지금 여러분이 어떻게 사느냐에 따라 미래의 모습이 달라집니다."

강연 때 내가 사람들에게 즐겨 하는 말이다. 지금 현재를 살면서도 3년 후, 5년 후의 자신의 모습을 상상해봐야 한다. 그래야 자신의 현주소가 보이고 앞으로 어떤 자세로 인생을 살아야 할지 답이 나오기 때문이다. 그렇지 않고서는 조금만 힘든 일이 나타나도 금방 좌절해버리고 만다.

1인 기업을 꿈꾸는 사람에게 먼저 전제되어야 할 것이 자신의 3년, 5년 후의 청사진을 그리는 일이다. 조직에서는 매년 '올해의 매출목표', '올해의 생산목표' 등 수치화할 수 있는 목표를 제시한다. 그리고 직급 체계와 사규에 따라 자신의 5년 후 모습을 충분히 상상할 수 있다. 가깝게는 조직 내에 있는 과장, 부장 등의 선배를 보면서 미래 자신의 모습을 상상할 수 있다. 하지만 대부분 미래의 모습을 떠올리면 환한 미소를 짓기보다 우울한 표정이 된다. 내가 만든 회사가 아니기에 반드시 짐을 싸야 하는 날이 온다는 것을 잘 알기 때문이다. 그래서 동료들보다 승진이 늦는다면 당연히 그렇겠지만, 고속으로 승진해도 마음이 편치 않다. 양날의 검이기 때문이다.

요즘엔 많은 사람이 1인 기업에 눈을 돌리고 있다. 하지만 1인 기업은 만들기는 쉽지만 어느 정도 궤도에 오르기까지는 부단한 노력이 요구된다. 자신이 오너이자 직원이면서 생산과 홍보, 마케팅까지 전적으로 책임져야 하기에 직장 생활을 할 때보다 몇 배 치열해야 한다. 이 점이 기업이라는 조직과 1인 기업의 차이점이다.

영국의 경영사상가 찰스 핸디는 자신의 저서《코끼리와 벼룩》에서 대기업인 코끼리는 방향과 목표를 읽어낼 수 있는 능력과 조직이 있지만, 벼룩인 1인 기업은 스스로 방향을 잡지 않으면 유행이라는 바람과 유혹이라는 태풍에 자신을 맡겨 흘러가는 대로 살 수밖에 없다고 했다. 1인 기업가로서 평생 현역으로 살기 위해선 조직에 몸담고 있을 때보다 더 치열하게 생각하고 움직여야 한다.

　《꿈꾸는 다락방》,《리딩으로 리드하라》 등의 베스트셀러를 펴낸 이지성 작가, 그는 군대 전역 후 곧바로 초등학교 교사 생활을 시작했다. 시를 썼던 그는 교사 생활에 회의감이 들었지만 마땅한 대안이 없던 터여서 교직에 계속 남아 있었다. 그런 그에게 교직은 주말만 기다리는 평범한 월급쟁이에 지나지 않았다.

　주말이면 하릴없이 만화를 보며 시간을 때우는 등의 생활을 하기도 했다. 그러다 어느 날 문득, 제자들이 5년 후 그를 찾아와선 "선생님은 5년 전이나 지금이나 똑같아요"라는 말을 할 것 같다는 생각이 들었다. 그때 그는 자신의 3년 후, 5년 후 모습을 그려보았다. 지금처럼 교직에 몸담고 있다면 미래나 지금이나 다를 바 없겠다는 생각이 들었다. 그러면서 한편으로 대학 시절 너무나 되고 싶었던 베스트셀러 작가의 꿈이 되살아났다. 그는 자기계발 분야 베스트셀러 작가라는 구체적인 비전을 그렸고, 성공자 1,000명을 조사하기 시작했다. 그들의 성공 스토리와 함께 인문 고전을 닥치는 대로 읽었다. 그런 각고의 노력이 평범한 교사 이지성에서 베스트셀러 작가 이지성으로 거듭나게 했다.

현재 그는 한 타임 강연에 평범한 직장인 몇 달 치 월급을 강연료로 받을 정도로 몸값이 금값이 되었다. 여기서 하고 싶은 말은 그의 인생을 180도 바꿔놓은 동인은 3년, 5년 후의 모습을 떠올린 데에 있다는 것이다.

얼마 전 안타깝게 타계한 변화경영 전문가 구본형 소장. 과거의 그 역시 평범한 샐러리맨에 지나지 않았다. 한국IBM에서 경영혁신팀장으로 근무하던 그에게 가장 큰 고민은 바로 '10년 후의 모습'이었다.

'3년 후, 5년 후 과연 나는 어떤 모습일까?'

'10년 후 나는 무엇을 하고 있을까?'

그는 수시로 이 질문을 던졌지만 명확한 모습이 그려지지 않았다. 아무리 탁월한 성과를 내서 회사에서 인정받더라도, 언젠가는 떠나야 한다는 것을 누구보다 잘 알고 있었다. 고민 끝에 그는 사표를 내기로 마음먹었다. 그리고 그동안 마음에 두고 있었던 변화경영 전문가로 전향하기 위해 계획을 실행에 옮겼다. 출근 전 새벽 시간을 책을 쓰는 데 활용했다. 그렇게 그는 2년 동안 매일 새벽 네 시에 일어나 책 쓰기에 몰입한 덕분에 첫 책 《익숙한 것과의 결별》을 펴낼 수 있었다. 이 책은 출간되자마자 베스트셀러가 되었고, 여기저기서 강연 요청과 칼럼 기고 요청이 쇄도했다. 퇴직하기 3년 전에 만들어낸 결과물이었다.

그는 최소 1년에 1권씩 책을 쓸 수 있어야 집필과 강연만으로 생계를 유지할 수 있다고 판단했다. 이후 2년간 2권의 책을 펴냄으로써 자기검증 과정을 마칠 수 있었다. 그는 책 출간 이후 책에 대한 반응과 밀려오는 강연 요청을 확인한 후에야 자신의 이름을 딴 1인 기업 구본형변화경영연구소를 설립했다. 그 후 저술, 강연, 칼럼 기고, 코칭으로 놀고 싶을 때 놀고 일하고 싶을 때 일하는, 누구나 부러워하는 인생 2막을 살았다.

'평생직장'은 없어도 '평생직업'은 있다. 그런데도 여전히 지금 다니는 직장이 '철밥통'이라며 착각하는 사람들이 있다. 그들은 언젠가 믿는 도끼에 발등 찍히는 일을 당하게 된다. 그런 일을 당하지 않으려면 미리미리 준비해야 한다.

그렇다면 어떻게 준비해야 할까? 간단하다. 지금 당장 '3년, 5년 후 내 모습'을 생생하게 떠올려보라. 가까운 미래의 내 모습에서 내가 서 있는 현주소를 명확히 들여다볼 수 있고, 앞으로 어떻게 살아가야 할지 답을 찾을 수 있다.

:: **02** ::

구직이 아닌
창직의 시대다

요즘은 일자리 전쟁 속에서 산다고 해도 과언이 아니다. 사실 총
성만 없다 뿐이지 일자리를 얻기 위해, 다니고 있는 직장에서 어떻
게든 살아남기 위해 전쟁보다 더한 삶을 살고 있다. 그래서인지 술
집에 가면 30~40대들의 입에서 아플 수도 없는 현실이라는 말이
심심찮게 들려온다. 다들 죽지 못해 산다.

"이태백은 옛날 말이고 삼일절(31세까지 취업 못 하는 절망) 전에 취
업을 해야 하는데…. 이 극심한 구직난에 갈 곳이 없구나. 꿈이고
적성이고 묻지 마 지원이다." (취업 사이트에서 지방 대학생 K)

"아무리 젊다 해도 할 줄 아는 것이 없으니, 여기서 사표를 내고 나간다 해도 어디 받아주는 곳이 없다. 꿈이고 사업이고 뭐고, 그냥 나 죽었다 하고 월급쟁이나 해야…." (일이 점점 늘어나 힘들어하는 중견기업 입사 2년 차 사원 H)

"처자식만 아니면…. 부장은 왜 또 퇴근 안 하는 거야." (10년 차 Y 과장)

"아파트 경비 자리도 경쟁률이 얼마나 치열한데…, 젊게 보여야지." (정년을 앞둔 생산반장 K)

주위를 둘러보면 많은 사람이 일자리를 찾기 위해 사활을 걸고 있다. 하지만 입맛에 맞는 직장에 가기 위해선 시작 전부터 많은 것이 요구된다. 그래서 대학생들뿐 아니라 직장인들까지 가세해 스펙 쌓기에 전념하고 있다.

일자리 전쟁터가 된 대학은 1학년 때부터 토익, 해외연수, 자격증, 고학점, 인턴, 공모전 등에 집중한다. 이것들을 다 갖추고 나면 남자는 평균 28~29세 때 간신히 취업에 성공한다. 물론 취업 빙하기 시대에 취업에 성공했으니 축하받을 일임엔 분명하다. 그렇지만 신입사원 77퍼센트가 전공과 무관한 '묻지 마 취업'을 하며, 그런 까닭에 10명 중 9명은 이직을 고려한다. 그렇게 힘들게 노력하여 가까스로 들어간 직장임에도 말이다.

취업 후 평균 네 차례 이직을 경험하고 삼초땡(30대 때 명예퇴직을 고민함), 삼팔선, 사오정, 오륙도가 되어 인생 2막을 시작하는 것이 직장인들의 현주소다. 하지만 몇 번의 이직과 전직을 하더라도 별반 달라지지 않는다. 오히려 항상 새로 시작해야 하는 만큼 외롭고 고달프기만 하다.

그런데 이런 와중에도 행복한 비명을 지르며 갈수록 잘나가는 사람들이 있다. 물론 이들 역시 과거에는 조직에 몸담은 이들이었다. 하지만 그들은 직장이 언제까지나 밥을 먹여주진 않는다는 것을 알게 된 즉시 1인 기업 설립을 위한 준비를 했다. 밥벌이가 가능한 직장 생활을 하는 동안에 말이다. 그리고 지금은 자신이 가장 잘하는 일, 좋아하는 일을 하며 저술과 강연, 코칭으로 누구보다 행복한 인생을 살고 있다.

실버 레크리에이션을 강의하는 심미경 강사가 있다. 과거 그녀는 평범한 주부였지만 지금은 최초의 실버 레크리에이션 강사로서 어느 때보다 바쁘게 살고 있다.

"어르신들께 '내가요', '제가요' 이렇게 말하면 쉽게 마음을 안 열어요. 그래서 저는 '지가유, 먼저 해볼게유. 지보다 잘하실 거면서 서두르지 마세유'라고 합니다."

심 강사는 15년 전 신문과 잡지 등을 통해 실버 시대가 올 것을 예견했다. 본격적인 실버 시대가 도래하면 자신이 할 수 있는 틈새 시장이 있지 않을까 하는 생각이 들었다. 그래서 실버 세대를 위한 레크리에이션 강사를 목표로 정했다. 하지만 그런 교육을 받을 곳이 없었다. 당시에는 그저 기업 행사나 대학교 축제 위주의 교육밖에 없었다. 어쩔 수 없이 행사 레크리에이션으로 교육을 받고는 독학으로 노인들을 위한 레크리에이션 공부를 시작했다. 그리하여 이전까지는 없었던 실버 레크리에이션 강사라는 직업을 창조했다.

물론 최초로 하나의 직업을 창조했기에 숱한 어려움을 겪어야 했다. 그럼에도 틈틈이 해온 봉사 활동을 통해 노인대학과 인연이 닿아 처음으로 수강료를 받고 강의를 시작할 수 있었다. 시작부터 탄탄대로였던 것은 아니다. 첫 수강 때 단 세 명만 강의에 등록하는 등 좌절을 경험했다. 비록 수강생은 적었지만 열정적으로 강의한다는 입소문이 퍼져 다음 수강 때는 30명, 또 다음 수강 때는 80명이 넘게 수강 신청을 하는 기적 같은 일이 일어났다.

그녀는 스스로 교수법을 연구, 개발하고 지독한 노력을 기울였다. 그 덕에 대한민국 실버 레크리에이션 1인 기업가로 자리매김할 수 있었다. 현재 그녀는 쉼을 바라보고 있지만 복지관, 문화센터, 교육기관, 봉사단체에서 강의를 하면서 누구보다 행복한 인생 2막을 살고 있다.

또 한 사람이 있다. 평범한 주부였다가 한국 1호 케이크 아티스트로 활동 중인 제이스키친의 전미경 대표. 홍보팀에 근무하던 남편은 고객 대접을 위해 자주 손님을 집으로 데리고 왔다. 지금이야 웬만큼 간 큰 남편이 아니고서야 꿈도 꾸지 못할 일이겠지만 어쨌든 그런 일이 잦았는데, 그녀는 항상 정성을 다해 손님을 치렀다.

그녀는 한 인터뷰에서 이렇게 말했다.

"결혼 초부터 남편이 회사 동료들이나 지인을 집에 데려오는 일이 많았어요. 애송이 주부였지만 뭔가 대접을 하고 싶다는 생각에 요리책을 보고 연구하기 시작했지요. 그리고 틈날 때마다 이웃들을 불러 내가 만든 음식을 맛보게 하고 쿠키나 간식거리도 만들었어요. 그런데 제 음식솜씨가 입소문을 타면서 엄마들이 요리를 가르쳐달라며 찾아왔고, 어쭙잖게 요리교육까지 하게 됐지요."

그녀는 손님들마다 맛있다는 칭찬을 듣자 더 욕심이 생겨 요리학원에 등록했다. 거기서 제빵 기능사 자격증과 요리 관련 자격증을 취득했으며, 학원에서 배운 것을 자기만의 방식으로 응용하여 만든 음식을 남편의 손님들에게 대접했다. 그녀의 음식을 먹어본 사람들은 하나같이 음식점을 열어도 성공하겠다며 칭찬을 아끼지 않았다.

그렇게 그녀는 10년간, 한식·일식·양식·중식을 두루 섭렵했다. 손님들이 방문하면 애피타이저부터 디저트까지 풀코스로 요리를 대접할 수 있게 됐다. 남부럽지 않은 요리 실력을 갖추게 되자 이번에는 케이크에 욕심이 생겼다.

그녀는 빵 전체를 다뤄서는 제과점과 차별화할 수 없으니 케이크 한 가지만 전문적으로 만들기로 했다. 보통 케이크가 아니라 스토리와 디자인을 결합하여 '이야기가 있는 디자인 케이크' 연구에 몰두했다.

그 후 그녀는 '내 이야기가 있는 주문 케이크 요리사'로 인생 2막을 시작했다. 주문은 일주일 전에 이뤄진다. 고객으로부터 20분에서 30분가량 충분히 이야기를 듣고 디자인을 시작한다. 아무리 바쁘더라도 1~2일 전 주문은 절대 받지 않는다. 이런 노력 덕분에 세상에 단 하나뿐인 그녀의 케이크는 시간이 지날수록 많은 이들에게 알려졌다.

그녀는 홈페이지와 블로그를 활용해 꾸준히 자신을 홍보해나갔다. 그런 노력을 지속함으로써 그녀는 잘나가는 1인 기업가 가운데 한 사람으로 성공할 수 있었다. 평균 케이크 가격의 네 배 이상 비싼 가격이지만 늘 주문이 밀릴 정도로 초대박이다. 현재 전미경 대표는 인생의 전성기를 보내고 있다.

이 외에도 자신이 좋아하는 일을 토대로 1인 기업을 차려 승승장구하는 사람들이 헤아릴 수 없이 많다. 그들을 보고 있으면 인생에서 가장 열정적이고 중요한 시기에 쥐꼬리만 한 월급을 받기 위해 하루 가운데 절반을 온갖 스트레스를 받으며 묶여 있는 직장인들이 더욱 안타까워진다. 가장 열정적인 시기에는 인생에서 가장 중요한 일을 해야 한다. 바로 가장 잘하고 좋아하는 일을 통해 꿈, 즉 자아를 실현해나가는 일이다. 많은 직장인이 직장에 다니면서 우울함과 공허함을 느끼는 것은 지금 현실이 막막하고 재미가 없기 때문이다. 그러니 미래마저 암울하게 여겨지는 것이다.

나는 다니기 싫은 직장에 억지로 다니면서 인생을 허비해선 안 된다고 생각한다. 심미경 강사, 전미경 대표처럼 자신이 잘하고 좋아하는 일을 토대로 직업을 만들어야 한다. 나만의 지식과 아이디어로 내가 직접 일자리를 만들면 좋은 점이 한두 가지가 아니다. 무엇보다 좋은 점은 시간을 내가 관리할 수 있다는 것과 내가 가진 지식과 경험 등으로 이윤을 창출할 수 있다는 것이다. 지금 하는 일에서 보람을 느끼고, 일이 즐겁기 때문에 시간이 갈수록 더욱 잘할 뿐 아니라 잘되게 되어 있다. 그러니 갈수록 벼랑으로 내몰리는 직장인들과 달리 1인 기업가는 갈수록 성공하게 마련이다.

이제는 구직이 아니라 스스로 일자리를 만드는 창직의 시대다. 더는 원하지 않는 일을 하면서 인생을 허비해선 안 된다. 누구든지 저마다 가장 잘하고 좋아하는 일을 하면서 여유롭고 풍요로운 인생을 살 수 있다.

:: **03** ::

취미도
돈이 된다

출근을 위해 아침 일곱 시에 일어나는 일은 종종 자신과의 싸움이 된다. 몸은 물에 젖은 솜뭉치처럼 천근만근이고 마음속에선 '10분만 더!', '5분만 더!' 하는 외침이 들려온다. 그렇게 고통스러우리만치 힘들게 기상한다. 대부분 직장인의 아침 모습이다.

친구 중에 가까운 저수지로 낚시하러 가는 날이면 새벽 네 시 반에 스프링처럼 튀어 오르듯이 일어나는 P가 있다. 새벽부터 낚싯대를 점검하고, 미끼인 지렁이에다 물을 뿌리고, 필요한 장비를 챙긴다. 그러고 나서 나에게 전화를 한다.

"일어나! 아직도 자고 있어? 그 저수지는 새벽안개를 보면서 낚시를 해야 제맛이야."

"30분도 안 걸리는 거린데 좀더 자고 가자. 어떻게 넌 잠도 없냐?"

쏟아지는 졸음을 간신히 떨쳐내며 내가 핀잔을 주지만 P는 아랑곳하지 않는다. 오히려 목소리에 생기가 넘친다.

그 친구를 보면서 문득 '자신이 좋아하는 낚시를 시간 가는 줄 모르고 실컷 하면서 수입이 생긴다면 얼마나 행복할까' 하는 생각이 들었다. 정말 그런 일이 가능하다면 세상 누구보다 행복할 것이다.

그런데 세상에는 이런 행복한 인생을 사는 사람들이 있다. 바로 취미를 토대로 1인 기업을 만든 이들이다. 이들은 하나같이 취미를 돈으로 만들어내고 있다.

"취미가 직업이 되려면 나 혼자 좋아서는 안 돼요. 많은 사람과 공유할 수 있어야 하고 사회에 기여하는 바가 있어야 합니다. 그러기 위해서는 차분히, 그리고 고집스럽게 공부해서 전문가가 돼야 합니다."

1896년에 녹음된 우리 민족의 노랫소리를 발굴해 화제가 되었던 정창관 씨의 말이다. 그는 현재 정창관의 국악음반세계를 운영하면서 자신이 좋아하는 일과 함께 풍요로운 인생을 살고 있다.

그는 1975년 군에서 전역하고 지성인이 듣는다는 클래식 음악으로 음반과 인연을 맺는다. 은행에 취직한 후 클래식 CD를 한 달에 40~50장씩 10년 동안 꾸준히 모았는데 무려 3,000장이나 되었다. 그가 그렇게 많은 CD를 모은 것은 직장에서 받는 스트레스를 음반으로 풀기 위해서였다.

1987년 어느 날 그는 클래식 음악 외에 판소리가 듣고 싶어서 당시 가장 많은 음반을 보유하고 있던 종로 3가의 신나라레코드 음반점을 방문했다. 하지만 판소리는 물론 국악 음반조차 없었다. 오기가 발동한 그는 종로 3가의 모든 음반점을 뒤졌다. 하지만 고작 다섯 종류의 국악 음반밖에 구입할 수 없었다. 지금도 그렇지만 당시에도 국악 음반은 돈이 되지 않았기 때문이다.

그때 그는 은행에서 직장 생활을 하고 있었지만 자신의 취미인 음악을 활용하여 1인 기업가의 길을 가면 어떨까 고민하기 시작했다. 지난 10년간 구매하면서 음반 시장의 생리도 웬만큼 알게 되었고 구매자의 마음을 읽는 노하우도 있었다. 그 자신감으로 1988년 '판소리 5명창'이라는 음반을 제작했다. 음반이 판매가 안 될 경우 전량 구매한다는 조건으로 1,000장을 시장에 내놓았다. 뜻밖에도 이 음반은 공식적으로 5,500장이 팔리고 비공식적으로 10배 가까이 판매돼 대박을 터뜨렸다. 음반 시장에서 국악이라는 콘텐츠를 알리는 것은 물론 블루오션 시장을 개척한 것이다.

이듬해인 1989년 고음반연구회를 설립해 사비를 들여 고령화로 사라져가는 명창들의 음반을 제작했다. 그러다 2001년 은행에서 명예퇴직을 하고 국악의 세계화를 위해 국악 음반 기증운동과 국악 CD 인터넷쇼핑몰 운영, 국악 관련 지역 프로젝트 사업 등을 하면서 본격적으로 1인 기업가로 나섰다.

그는 정년퇴직 전까지 은행이라는 안정된 조직에 몸담을 수 있었지만 진정으로 자신이 원하는 인생을 살기 위해 모험을 감행했다. 그 결과 취미가 일이 되고 놀이가 되는 행복한 인생을 살고 있다.

정창관 씨처럼 운명적으로 취미를 발견한 사람이라면 강한 자신감으로 1인 기업이 될 수 있다. 하지만 취미가 없는 사람은 먼저 직장(또는 생업)을 제외하고 가장 많은 시간과 열정을 쏟는 일이 무엇인지 찾아야 한다. 단순한 관찰이 아니라 제대로 찾아야 한다. 소설《한강》에서 나오는 말처럼 '꿈은 클수록 좋고 욕망은 치열할수록 좋다'라는 마음가짐으로 말이다.

술을 좋아하는 사람은 단순히 먹고 즐기는 술이 아니라 와인 재테크나 가정에서 할 수 있는 전통주 제조법 연구 또는 조주 기능사 취득에 도전할 수 있다. 장식이나 꽃이 좋으면 가구제작 기술을 배우거나 프리저브드 플라워에 도전할 수 있다. 또 애인이나 가족을 위한 제빵 기술을 넘어 쇼콜라티에로서 강의를 하겠다고 마음먹을 수도 있다. 이처럼 자신을 깊이 관찰해보면 분명 취미가 돈이 되는 자산을 찾을 수 있다.

4만 명이 넘는 회원을 둔 '오지캠핑' 카페를 이끄는 안기용 씨. 그는 자신이 좋아하는 취미를 직업으로 바꾸어 행복한 인생을 사는, 직장인들이 가장 부러워하는 사람 가운데 한 명이다. 처음에는 취미로 시작했지만, 수익이 조금씩 생기고 즐거움이 더해지면서 아예 직업으로 삼았다.

사업을 하던 그가 캠핑을 시작한 것은 지난 2005년이었다. 당시 그는 캠핑에 완전히 매료되어 있었다. 비싸다는 장비를 다 구입해서 주말이면 캠핑장으로 달려갔다. 2007년에는 홍수를 만나 가족이 죽다 살아난 적이 있었다. 그때 잃어버린 장비를 다시 구입했는데, 무려 2천여 만 원의 비용이 들었다. 그는 문득 자신이 무척 다양한 장비를 사용하고 있다는 것을 깨닫고, 자신의 캠핑스타일을 돌아보게 되었다. 다닥다닥 붙어서 캠핑장에서 먹고 마시고 자면서 사람들을 만나는 것 외에는 특별한 일이 없었고, 강원도까지 가서도 캠핑장 안에서만 있다 돌아오는 것이 아까웠다. 그때 고민하는 과정에서 오지 캠핑을 생각해냈다.

직업을 1인 기업인 캠퍼로 바꾼 그는 단순한 장비 판매를 넘어 오지 캠핑 장소와 오지 캠핑 콘셉트까지 마련하여 고객을 즐겁게 해주고 있다. 결손가정에서 자란 청소년들을 위한 사회봉사 프로그램도 마련했다. 관광버스에 태워서 위로해주는 관광이 아니라 자신감을 심어주기 위해 오지 트레킹을 함께하는 것이다.

안기용 씨는 수백만에 이르는 평범한 캠퍼 중 한 명으로 머물 수도 있었다. 하지만 자신이 좋아하는 취미를 관찰하고 고민하는 과정에서 가슴 뛰는 인생을 사는 1인 기업가로 거듭났다.

평생직장이라는 개념이 사라진 지 오래인 지금, 나는 내세울 게 없는 평범한 직장인일수록 앞에서 소개한 정창관 씨와 안기용 씨처럼 취미를 1인 기업으로 변화시키기 위해 고민하라고 조언한다. 충분히 자신만의 콘텐츠를 활용해 돈이 되는 파이프라인을 구축할 수 있다. 사람은 저마다 잘하고 좋아하는 취미가 있기 때문이다.
취미를 토대로 돈이 되는 파이프라인을 구축하기 위해선 먼저 다음 두 가지를 고려해야 한다.

첫째, 취미를 상품으로 변화시키는 데 만만하게 보이는 것이면 취미로 끝내야 한다.
만만하게 보인다는 건 경쟁자 또한 쉽게 접근할 수 있다는 것이다. 즉, 가격경쟁이 치열한 레드오션이 되기 쉽다는 뜻이다. 또한 자기관리를 철저히 해야 하는 1인 기업가로서 팽팽한 긴장감도 가질 수 없다. 예컨대 오지 캠핑 사례처럼 기존 아웃도어 제품은 대중을 상대로 쉽게 접근할 수 있지만 오지 캠핑에 필요한 장비는 쉽게 접근하지 못하는 분야다.

둘째, 체계화할 수 있는 프로세스가 있는지 고민해야 한다.

프로세스를 체계화하지 못하면 초창기 제품을 내놓는 데 많은 어려움이 따른다. 또한 고객으로부터 끊임없이 공신력을 의심받게 된다. 체계화할 수 있는 프로세스가 있는지 고민해야 한다. 만일 없다면 자신만의 프로세스를 개발해야 한다.

많은 이들이 가정이나 직장에서 오는 스트레스를 해소하기 위해 취미생활을 한다. 그 취미를 이제 더는 취미로만 끝내선 안 된다. 취미를 통해 돈벌이가 되는 시스템을 만들어야 한다. 앞으로는 이런 시스템을 가진 사람이 갈수록 잘나가고 성공하게 되어 있다.

곰곰이 생각해보라. 당신이 가장 잘하고 좋아하는 취미를 직업으로 가지면서 자유롭게 사는 것, 얼마나 가슴 뛰고 행복한 일인가. 모두의 로망이다. 그런데 세상에는 이런 행복한 인생을 사는 사람들이 늘어나고 있다. 이제 당신 차례다. 생계를 위한 일과 취미 활동을 철저히 분리하기보다 통섭과 융합으로 취미가 직업이 되게 하라.

내가 하는 일을 즐기다 보면 그것이 곧 업이 되고, 자연스럽게 돈이 따라오게 마련이다. 지금 다니는 직장에 목을 매기보다 자신이 진정으로 좋아하는 취미를 통해 돈이 되는 파이프라인을 만들어보라.

지금 하는 일에서
전문가 소리를
들어라

모든 일을 시작할 때는 밑천이 들어간다. 가령 사업을 시작한다고 하면 아이템, 자본, 인력, 시간 등 다양한 밑천이 필요하다. 특히 1인 기업가에게 가장 중요한 밑천은 1인 기업가적인 마인드다. 어떤 마인드를 갖고 있느냐에 따라 3년 후, 5년 후의 미래가 달라지기 때문이다.

단순 복사 업무를 하는 신입사원 A와 B가 있다. A는 입사 전부터 연봉과 취직에만 관심이 있었다. 그래서 취직이 된 지금, 일을 해도 최선을 다하기보다 상사의 눈밖에 안 날 정도로만 건성으로 한다. 자신이 할 일만 하고 남는 시간에는 인터넷 서핑을 하는 탓에 동료들로부터 따가운 눈총을 받고 있다. 반면에 B는 자기 일을 최선을 다해 하는가 하면 상사가 시키지 않은 일도 알아서 척척 한다. B는 직급 상승은 물론 업무를 충실히 하면서 틈틈이 자기계발을 하며 책을 쓰는 등 눈부신 인생 2막을 준비하고 있다.

A는 그저 밥벌이를 위해 하루하루 살아가는 근로자일 뿐이지만 B는 직장 생활을 하면서 인생 2막을 준비해나가고 있다. 즉, 직장에서 돈을 받아가며 1인 기업가로서의 수업을 받고 있는 셈이다. 둘의 차이를 각도로 보자면, 입사 때는 1도 정도겠지만 10년 후에는 거의 180도 가까이 벌어질 것이다.

1인 기업을 꿈꾸는 사람에게 최적의 교육장은 지금 몸담고 있는 직장이다. 지금 하는 일에서 최고의 전문가가 될 수 없다면 잘나가는 1인 기업가를 꿈꿀 수 없다. 그래서 나는 갈수록 더 잘나가는 1인 기업가가 되기 위해선 먼저 직장 내에서 최고의 전문가가 되어야 한다고 말한다.

국내 20대 그룹 중 유일하게 고졸 출신으로 상무로 발탁이 되었는가 하면, 정년퇴직 후 자신의 인생역정을 바탕으로 1인 기업가로 자리매김한 윤생진 창조경영연구소 윤생진 소장이 있다. 나는 그의 인생 스토리를 접하면서 정말 꿈을 갖고 악착같이 노력한다면 누구나 성공할 수 있다는 확신이 들었다.

그는 1978년 흑산도에서 면서기를 그만두고 성공하겠다는 일념 하나로 통통배를 타고 광주로 건너와 금호타이어에 생산직(기능직)으로 입사했다. 신입사원 때 상사와의 면담에서 그는 자신의 꿈을 당당하게 이야기했다.

"윤생진 씨, 당신은 꿈이 뭡니까?"

"네, 제 꿈은 금호타이어에서 부장이 되는 겁니다."

"윤생진 씨, 혹시 반장을 부장으로 착각한 거 아닙니까?"

"아닙니다! 저는 꼭 부장이 될 겁니다."

당시 분위기로는 대학을 나오지 않으면 주임도 달기 힘들었다. 그런데 갓 입사한 생산직 사원이 부장이 되겠다는 꿈을 품다니, 정말 '또라이'가 아니고선 생각할 수 없는 일이었다.

그러나 그는 회사는 과거의 자신을 평가하는 것이 아니라 오직 현재의 나를 평가하는 곳이라 생각하고 '이곳에서 인생을 바꿔보자'라는 마음으로 개선제안제도를 적극 활용했다. 처음에는 석유난로를 받기 위해 시작했지만 개선제안 자체에 재미를 느꼈다. 기초를 쌓기 위해 공부했고, 힘들 때마다 부장이라는 목표를 생각했다. 심지어 자신의 꿈을 달력에 몰래 적어놓고 미소를 지으며 버텼다.

남들은 한 달에 몇 건도 생각해내기 힘든 제안을 하루 일곱 건이 넘게 내놓기도 했다. 주변의 시기가 따랐지만 아랑곳하지 않았다. 제안을 계속하면서 각종 아이디어 대회에서 상을 휩쓸고 대통령상까지 받았다. 그리하여 일곱 번의 특진 끝에 2000년 부장을 넘어 그룹의 두뇌인 전략경영본부 상무(이사)로 발령이 나는 기쁨을 만끽했다.

그는 마치 자신이 회사의 오너인 양 정년까지 열정을 다해 일했다. 현재 그는 과거 직장에서 쌓은 개선 능력을 바탕으로 비전과 열정을 심어주는 동기부여가이자 1인 기업가로 살아가고 있다.

만약에 윤생진 대표가 대부분의 직장인처럼 그저 시간이나 때우는 식으로 일했더라면 지금 그의 인생은 무척 다른 모습일 것이다. 하지만 그는 직장 내에서 최고가 되기 위해 고군분투했고, 그 과정에서 1인 기업가에게 필요한 기업가적인 마인드와 지식, 경험 등 귀중한 자산을 갖출 수 있었다. 직장 생활은 그에게 1인 기업가로서의 밑천이 되었던 것이다.

이왕 하는 일이라면 제대로 해야 한다. 그러려면 좀더 쉽고 빠르게 업무를 처리할 방법에 대해 고민해야 하고, 관련 공부를 통해 업무 능력을 강화해야 한다. 이런 과정에서 자연스레 업무 능력이 향상되고 성과 또한 발휘된다. 지금 하는 일에서 최고의 전문가로 거듭나게 되는 것이다.

자신만의 커리어를 살리면서 1인 기업을 만들거나 다른 업종으로 바꾸려는 직장인이 꾸준히 늘고 있다. 특히 직장인 가운데 밥벌이가 가능한 지금 자신이 잘할 수 있는 분야를 찾아서 그것으로 새로운 수입원을 만들려는 이들이 많다. 하지만 1인 기업가가 되기 위해선 무엇보다 자신의 경쟁력을 갖춰야 한다. 그 경쟁력은 지금 하고 있는 일에서부터 시작된다. 그래서 1인 기업가가 되기 위해선 가장 먼저 회사에서 최고의 전문가가 되어야 한다고 강조하는 것이다.

더웨딩컴퍼니의 신수미 대표이사가 있다. 그는 웨딩 전문잡지 기자 생활을 하다 웨딩플래너로서 1인 기업가가 되었다. 7년간 웨딩잡지 기자를 하면서 웨딩플래너에 대해 공부했고 그 결과 1인 기업가로 나설 수 있었다.

그녀는 언론과의 인터뷰에서 이렇게 말했다.

"웨딩플래너의 본업은 웨딩 상품을 소개하고 판매하는 것이 아니라, 웨딩과 패션 트렌드를 접목해 특정 예비부부만을 위한 스타일링을 제안하는 것이라고 생각했어요. 기자 생활을 하면서 비주얼을 보는 안목을 키웠기 때문에 스타일링을 제안하는 건 누구보다 자신 있었습니다."

그녀는 기자 때부터 스타일을 보는 시각을 키웠다. 그리고 그 과정에서 특정 예비부부들이 행복하게 결혼하는 모습에 보람을 느껴 1인 기업을 만들었다. 현재 그녀는 기자라는 직장 경력을 바탕으로 하여 잘나가는 1인 기업의 대표로 활동 중이다.

직장 내에서 최고가 되어야 하는 이유는 헤아릴 수 없이 많다. 가장 큰 이유는 안정적인 밥벌이가 가능한 지금 자신의 일에서 최고가 된다면 자연히 1인 기업에 대한 안목과 아이디어, 영감을 얻을 수 있다는 것이다. 사람들 중에는 직장에서 구조조정을 당한 뒤에야 먹고살 구멍을 만들기 위해 부랴부랴 1인 기업을 만드는 이들이 있다. 이들 가운데 성공했다는 말을 들어보지 못했다. 그야말로 '듣보잡' 신세가 되는 것이다.

직장에서 최고 전문가가 되려면 먼저 마음가짐을 바꿔야 한다. 회사와 내가 갑과 을의 고용관계라는 관점이 아니라 내가 바로 회사의 오너라는 생각으로 임해야 한다. 그래야 심혈을 기울여서 일을 할 수 있고 늘 더 나은 방법이 없는지 고민하게 된다. 그 과정에서 자연스레 자기계발을 하게 된다.

국내 대표적인 1인 기업가인 공병호 소장은 회사를 당신의 경제 생활에 가장 크게 기여하는 VIP 고객으로 받아들이고 회사를 대접한다는 마음으로 일해야 한다고 조언한다. 정확한 지적이다. 고용된 관계가 아니라 회사에 기여한다는 생각으로 임해야 한다. 3년 후 내 이름을 걸고 1인 기업을 운영한다는 생각으로 직장 생활을 하면 분명 지금과는 달리 제대로, 치열하게 일하게 된다.

한 달 벌어 한 달 먹고사는 월급쟁이 마인드를 가진 사람은 그 수준에서 벗어나기 힘들다. 인생에 볕 들 날을 맞이할 방법이라곤 로또복권에 당첨되는 것 외에 없을 것이다. 인생은 지금 가지고 있는 생각, 마인드에서 비롯된다. 성공자들은 성공자의 마인드를 가졌고, 실패자들은 실패자의 마인드를 가졌다.

더 나은 인생을 살고자 한다면 먼저 직장 내에서 최고의 전문가가 되기 위해 노력해야 한다. 그래야 월급쟁이 마인드에서 벗어날 수 있다. 직장을 고객으로 생각하면서 성과를 파는 1인 기업가로 자신의 마인드를 변화시켜보라. 1인 기업가의 시작은 지금 하는 일에서 최고의 전문가가 되는 것임을 기억해야 한다.

절박함만큼
든든한 밑천도
없다

나는 이 책을 집필하기 전에 수많은 1인 기업가에 대해 연구, 분석하면서 공부했다. 그러는 과정에서 한 가지 보석 같은 사실을 발견했다. 바로 누구나 꿈을 실현할 수 있고 성공할 수 있지만, 변화에 대한 절박함 없이는 운명이 바뀌지 않는다는 것이다. 그들을 가시밭길 같은 현실에서 일으켜 세워주고 계속 앞으로 나아가게 한 것은 변화에 대한 '절박함'이었다.

《공부가 가장 쉬웠어요》의 장승수 변호사, 《어머니 저는 해냈어요》의 김규환 명장, 《나는 희망의 증거가 되고 싶다》의 서진규 대표. 이들의 책을 보고 있으면 가슴속에서 '나도 할 수 있다'라는 희망과 열정이 살아나서 최선을 다해 하루를 살아가게 된다. 이 가운데는 출간된 지 10년이 지난 책도 있지만 지금도 스테디셀러로 좋은 반응을 얻고 있다. 그 이유는 무엇일까? 입에 단내가 나도록 누구보다 치열하게 살았던 인생역정이 그 안에 고스란히 담겨 있기 때문이다. 그래서 그들의 책을 읽고 있으면 그들이 가졌던 꿈과 희망과 열정이 나에게도 전염된다.

"공병호 박사는 한 타임 강연에 몇백만 원을 받는다는데, 나는 뭐야?"

"김미경 원장은 1년에 10억 넘게 번다는데…. 내가 김미경 원장이라면 정말 행복할 거야."

"김정운 교수는 CF까지 찍고 정말 잘나가네. 이제 교수직도 그만두고 책 쓰고 강연 다니는, 자기가 좋아하는 일을 하니까 얼마나 행복할까?"

직장인들은 좋아하는 일을 하면서도 많은 수입을 올리는 1인 기업가들을 부러워한다. 하지만 그들은 수면 위 빙산의 화려함만 알 뿐 피나는 노력으로 점철된 수면 아래 빙산의 진짜 모습은 알지 못한다. 겉으로 멋있게 보이는 1인 기업가들은 가라앉지 않기 위해 물밑에서 끊임없이 발을 놀리고 있다. 호수 위의 우아한 백조가 그러듯이.

성공한 1인 기업가들은 하나같이 변화에 대한 절박함으로 보통 직장인들은 엄두도 내지 못할 정도의 노력을 기울였고, 그 결과 운명을 바꿀 수 있었다. 시간당 강의료가 평범한 월급쟁이 몇 달 치 월급에 달하는 아트스피치 김미경 원장은 7년간 매일 네 시간씩만 자면서 강연 연습을 하고 저서를 집필했다. 과거 3~4만 원 몸값의 무명 강사에서 이제는 대한민국 최고의 스타 강사가 되었지만, TV 출연에 앞서서는 여전히 연습을 게을리하지 않는다. 이처럼 치열하게 노력하는 이유는 노력을 멈추는 순간 추락한다는 것을 잘 알기 때문이다.

우리는 저마다 지금보다 더 나은 인생을 살 권리와 의무가 있다. 그런데도 세상에는 일부 극소수만이 갈수록 잘나가는 인생을 살아갈 뿐 다수는 갈수록 고달픈 인생을 살아간다. 나는 그 이유를 변화에 대한 절박함에서 찾는다. 절박함은 지금 현실에 대한 불만을 가지는 데서 시작한다. 그래야 불만스러운 현실을 극복하고 더 나은 인생으로 바꾸기 위해서는 어떻게 해야 할지 고민하게 되고, 고민 끝에 찾은 답을 실행에 옮기게 된다.

사교육으로 시간에 쫓겨 사는 우리나라 학생들에게 인기 있는 간식으로 자리 잡은 '콜팝치킨'. BHC 창업자 강성모 대표의 아이디어로 탄생했다. 콜팝치킨은 치킨과 콜라를, 후렌치콜은 포테이

토와 콜라를 동시에 즐길 수 있도록 만든 독특한 음식으로 BHC만이 생산하는 특허 상품으로 꼽힌다. 지금 그는 인생에서 절정기를 맞고 있지만 과거의 그는 평범하다 못해 루저에 가까운 사람이었다.

청년 강성모는 제대 후 무엇을 해서 먹고살아야 할지 걱정이 태산이었다. 부모님의 지원을 바랄 형편이 아니었고, 가진 거라곤 오직 젊음밖에 없었다. 자신의 부족한 부분과 잘하는 부분을 메모해 가면서 아무리 객관화시켜도 내세울 만한 것이 아무것도 없었다.

그러나 그는 절망하지 않고 변화에 대한 절박함으로 더 나은 인생을 살기 위한 노력을 기울였다. 전역 후 가장 먼저 한 일은 잠을 세 시간으로 줄인 것이다. 인생을 주체적으로 살고 싶다는 절박함이 있었기에 어떤 일이 있더라도 세 시간 수면을 지켰다.

직장 생활을 했던 그는 수면 외의 시간은 사업 아이템을 찾는 데 집중했다. 그렇게 고민하는 과정에서 앞으로 프랜차이즈 사업이 유망할 거라는 판단이 섰고 사업을 구체적으로 계획했다. 그렇다고 무턱대고 프랜차이즈 사업을 실행하진 않았다. 관련 서적은 물론 신문기사를 차근차근 탐독했으며 광고지에서 프랜차이즈의 '프' 자만 나와도 모두 스크랩했다. 그렇게 공부한 사업 초기 자료가 1톤 트럭 석 대 분량에 달할 정도였다. 그런 노력 덕분에 반드시 실패한다고 여겼던 전문가들의 우려를 보란 듯이 불식시키며 사업 성공을 이룬다.

사업이 성공했음에도 그는 아이템을 찾기 위해 버스를 타고 프랜차이즈 관련 전단을 직접 모았다. 이런 절박감이 헤세드라는 신화를 만든 것이다. 지금은 대기업 프랜차이즈로 인수되었지만, 강성모 대표의 노력은 1인 기업을 꿈꾸는 사람이라면 배울 만하다.

변화에 대한 절박함이 있으면 분명 지금보다 더 나아질 수 있다. 사회주의 운동을 하다 체포되어 사형을 선고받고 죽음 직전까지 갔던 러시아의 대문호 도스토옙스키. 그는 언제든지 죽을 수 있다는 절박감으로 매 순간 최선을 다해 살았고 그 결과《죄와 벌》,《백치》,《악령》등 불후의 명작을 남길 수 있었다.

누구든 노력에 따라 지금보다 더 나은 인생을 살 수 있다. 내면에 잠들어 있는 잠재의식을 깨워 자신이 열망하는 꿈과 비전을 실현할 수 있다. 그러기 위해선 더 나아지고자 하는 절박함으로 살아야 한다. 그렇지 않고 현실에 안주하면 서서히 온도가 올라가는 냄비 속 개구리 신세가 되고 말 것이다.

:: **06** ::

첫 번째 고객은
나 자신이다

2008년 초 대한민국에는 펀드 열풍이 불었다. 박현주 회장 지휘 아래 15조 수익을 냈던 미래에셋 증권회사에만 전체 펀드금액의 40퍼센트가 넘게 몰렸다. 그 돈은 대개 월급쟁이들의 통장에서 나왔다. 그런데 미국발 금융위기로 많은 펀드투자자가 깡통을 차는 일이 벌어졌다. 나 역시 그 대열에 합류했다가 손해를 보았다.

그런데도 요즘 서점에 가보면 재테크 관련 서적이 넘쳐난다. 부동산, 주식, 펀드, 채권, 환테크 등 분야도 다양해져 일반인이 접근하기 힘든 수준이다. 독자가 그 책들을 쓴 저자와 같은 수준이 될 순 없다. 하지만 제목을 보면 그대로 따라 하면 부자가 될 것 같은 환상이 생기기에 재테크 코너에는 항상 사람이 많다. 그런 풍경을 보면서 문득 가장 확실한 재테크, 나에게 투자하는 재테크를 잊고 사는 건 아닌가 하는 생각이 든다.

예전에 근무했던 회사의 J 과장이 생각났다. 그는 자기 사업에 대한 꿈이 강해 일찍부터 돈을 모으고 사업을 준비했다. 대학교를 졸업하고 선배와 합심해서 주점을 열었는데 불행히도 IMF가 닥치고 말았다. 결국 얼마 못 버티고 정리해야 했다. 그리고 다른 동기들처럼 취업을 해야 했다.

그는 당시를 떠올리며 나에게 이렇게 조언했다.

"소중한 경험은 했지만 그 돈으로 유학을 가거나 대학원을 갔다면 분명히 지금보다 좋은 여건에서 살고 있을 것이다."

그 말을 듣는 순간 언젠가 신문에서 봤던 문구가 생각났다.

'가장 확실한 재테크는 나에게 배움을 선물하는 것.'

얼마 후 나는 근처 야간대학에 편입학했다. 직장에 다니고 있었기에 힘들기는 했지만, 대학에서 배운 지식들은 더 많은 기회를 누리게 해주었다. 지금 내가 과거에 비해 더 나은 인생을 살 수 있는 것은 그 선배의 진심 어린 조언 덕분이다.

모든 재테크에는 위험성이 따르지만 가장 확실하고 분명한 재테크는 자신에게 하는 재테크다. 그런 점에서 자기 자신에게 투자하는 자기계발적 1인 기업이 시대적 트렌드다. 1인 기업의 핵심은 세일즈이고 세일즈의 핵심은 고객 설득이다. 누구보다 먼저 나를 고객으로 보면서 설득할 수 있어야 한다. 즉 평천하(平天下)를 위해 먼저 자신을 수신(修身)하자는 것이다.

여자 대학생들에게 가장 닮고 싶은 여성 1위로 선정되기도 한 〈백지연의 피플 인사이드〉 백지연 아나운서가 있다. 그녀의 책 《자기 설득 파워》를 보면 '나 주식회사'의 자신이라는 고객에게 어떻게 감동경영을 해야 하는지 알 수 있다.

"당신이 스스로를 설득하는 데 성공만 했더라도, 당신은 당신이 하지 못한 일들 대부분을 해냈을 것이며, 그만큼 당신의 인생도 성공과 행복에 가까워졌을 것이다."

"자기 설득이라는 방법이 힘겹게 느껴진다면 먼저 오늘 하루만 다르게 살아야지라고 결심해보자. 그렇게 하루만 자기 설득을 통해 살 수 있다면, 그 하루가 모여 당신의 삶이 조금씩 변화되기 시작할 것이다."

그녀는 아나운서 세계를 '백지연 전과 후'로 나눌 만큼 막강한 파워를 가지고 있다. 수습 5개월 만에 〈9시 뉴스〉 진행자가 되고 8년 4개월이라는 최장수 여성 진행자로 기록되었다. 그리고 뉴스 세계에서는 처음으로 시도되었던, 자신의 이름을 건 〈YTN 백지연 뉴스 Q〉를 진행했다. 하지만 그녀도 MBC라는 온실을 떠나 프리랜서를 선언하고 이혼의 아픔을 겪는 등 고난과 마주쳐야 하는 시기가 있었다. 그렇지만 지금도 여전히 진행자이자 교수로 바쁘게 살고 있다. 그녀가 굴곡 많은 인생을 살면서 아픔을 극복하고 최정상에 있는 이유는 앞에서 자신이 말한 것처럼 자기 설득의 파워가 강했기 때문이다.

백지연 아나운서처럼 혁명가나 열정가들이 많은 사람을 끌어당기는 이유는 확신에 찬 모습과 정열적인 행동이 매력적이기 때문이다. 이런 유형을 '카리스마형'이라 한다. 카리스마 유형의 사람들은 유독 자신을 아끼고 사랑한다. 즉 자신을 고객 대하듯 하면서 자기계발 노력에 투자를 아끼지 않는다. 그래서 스스로 그런 점이 부족하다고 느끼는 사람들로부터 사랑을 받는 것이다. 1인 기업을 꿈꾸는 사람들은 남들을 설득하기 이전에 자신이라는 고객을 설득해서 늘 절제하고 끊임없이 자기계발을 해야 한다.

"토마토를 자를 수 있다면 밥집을 열 수 있고, 병뚜껑을 딸 수 있다면 술집을 할 수 있다"라고 과감히 말하는 《장사의 신》의 저자 우노 다카시 사장. 그는 선술집, 고기구이집, 우동집, 샐러드 바 등 다양한 음식가게를 운영하여 모두 성공시켰다. 책에서 그는 자신의 성공 비결을 스스로 재미있게 장사를 하는 것이라고 말했다.

"즐긴다는 것, 장사를 하는 사람도 자신이 일을 즐기고, 그 가게에 온 손님들도 식사하는 그 시간을 즐기게 되는 것."

"규모가 커지면 회사 관리만 하며 인생을 보내게 되겠지, 난 그런 건 사절이야. 나는 어디까지나 인생을 즐기기 위해 이 길에 들어선 사람이니까."

"내 가게에 즐기는 마음을 부릴 여유도 없이 무리한 투자를 해선 안 돼. 이것이 우리가 장사에 성공하는 비결이라고 생각해."

자신이 즐겁게 할 수 있는 장사를 추천하는 우노 다카시 사장을 보면 장사의 목적은 자신을 위한 것으로 생각할 수 있다. 즉 자신을 고객으로 보는 시각이다. 단순히 돈을 벌기 위한 수단이 아니라 철저히 '나'라는 고객을 위한 장사를 하라는 것이다. 그러면 다른 고객은 자동으로 따르게 되어 있다고 말한다.

잘하는 일 좋아하는 일을 하면서, 놀고 싶을 때 놀고 일하고 싶을 때 일할 수 있는 1인 기업가로 살아가기 위해선 내 직업의 첫 번째 고객이 나 자신임을 기억해야 한다. 먼저 자신을 어떤 재테크를 해도 부족함이 없고 안정되며, 반드시 몇 배의 수익을 올려주는 완벽한 고객으로 만들어야 한다. 그러한 노력을 기울이다 보면 어느덧 세상이 알아주는 1인 기업가가 되어 있을 것이다.

07

평사원도, 임원도
언젠가 떠나야 할
시기가 온다

한 가지 가상 시나리오를 예로 들어보겠다.

대학 졸업반 A가 있다. 부모님 속 한 번 안 썩이고, 병역의 의무도 충실히 이행한 그는 무엇이든 가능한 청춘이라고 자부하면서 대학 시절을 보냈다. 부모님께 부담을 드리기 싫어 필리핀처럼 저렴한 곳에서 어학연수를 마침으로써 스펙 하나를 추가했고, 대기업 취업을 꿈꾸면서 취업 스터디 그룹에서 리더 역할을 했다. 스터디 그룹에서 면접에 나올 예상 질문에 대해서도 연구했다.

"당신의 꿈은 무엇입니까?"

"그룹의 꽃, 임원이 되는 겁니다."

물론 단번에 합격하지 못해 여러 차례 면접을 봐야 했지만 1년 후 자신의 목표대로 대기업에 입사했다. 낙타가 바늘구멍을 통과하기보다 더 힘들다는 대기업 취업에 성공한 그는 세상을 다 가진 듯 기뻤다. 그때부터 임원의 꿈을 향해 달렸다.

A는 업무실력은 물론, 보이지 않게 정치력을 발휘해 입사 동기, 3년 상하 선후배를 물러나게 하거나 자기편으로 만들었다. 자기 일에 최선을 다하면서 때로 사내정치를 펴기도 했다. 그러는 사이 23.6년 만에 임원이 되었다. 2011년 대기업 통계를 기준으로, 대졸 신입사원이 임원이 되기 위해선 23.6년이 걸리고 입사 1,000명 중 8명(0.8퍼센트)만이 임원이 된다.

20대 청년이 머리카락 희끗희끗한 50대에 들어섰고, 임원의 꿈을 위해 달리느라 순수하던 청년이 어느덧 사내정치의 고수가 되어 '철면피'란 소리를 듣게 되었다. 하지만 그 덕에 직장에서의 생명은 연장됐고 갖은 혜택을 누렸다.

그러던 어느 날 불행히도 회사로부터 해고 통보를 받았다. 통계적으로 보면 대기업 임원 80퍼센트가 2년이 못 되어 해고통보를 받는다.

해고 통보를 받은 A는 회사에 대해 원망을 쏟아낸다.

"그동안 내가 얼마나 열심히 일했는데, 이곳에 내 청춘을 바쳤는데 어떻게 이렇게 대우할 수 있어?"

그러자 오너는 퉁명스럽게 말한다.

"별 볼 일 없는 녀석 데려다가 돈까지 주면서 교육시켜줬더니 무슨 불만이 그리도 많아?"

그제야 A는 반평생을 회사에 올인한 자신이 원망스럽고 후회가 된다. 이럴 줄 알았더라면 차라리 대기업에 들어가기 위해 목매기보다 진정으로 좋아하는 일을 할걸 하는 생각을 해본다. 하지만 이미 버스는 지나갔다.

결과적으로 A는 20여 년을 '임시 직원'으로 살아가기 위해 가장 중요한 것들, 시간과 열정, 꿈을 희생한 것이다.

많은 직장인이 언젠가는 떠나야 한다는 것을 알면서도 그 기간을 조금이라도 연장하기 위해 애를 쓰며 '월화수목금금금'으로 살아간다. 모든 시간과 에너지를 회사에 집중하기 때문에 가족과 여행을 떠나거나 대화다운 대화를 해본 적이 없을 정도로 정신없이 보낸다. 회사에 충성하고 헌신하면 언제까지나 회사에 남을 수 있으리라고 착각하기 때문이다.

몸담고 있는 조직에서 살아남기란 갈수록 힘들어진다. 경쟁이 치열하기 때문이다. 여기저기 피가 튀는 소리가 들려온다. 탄탄한 어학 능력과 IT 능력으로 밑에서 치고 올라오는 후배들과 경쟁을 해야 하는데다, 최근에는 이미 정년퇴임을 한 사람들이 계약직으로 회사에 다시 들어오는 비율이 늘어나 선배들과도 경쟁해야 한다. 밥벌이 기간 연장을 위한 경쟁은 시간이 갈수록 더욱 치열해지고 있다.

정년까지 보장되는 공무원과 같은 직장이라면 그나마 다행이다. 하지만 그런 안정적인 곳에 몸담고 있는 이들도 뜻하지 않은 일들 때문에 책상을 잃기도 한다. 그래서 이젠 직업이나 보직에 '철밥통'이라는 말이 적합하지 않다는 생각마저 든다. 단단하다고 믿었던 그 철밥통도 언제 깨질지 모르기 때문이다.

수많은 기업이 생기지만, 어느 순간 사라진다. 직장인들은 그런 살벌한 환경에서 생존하기 위해선 부단히 자신을 계발해야 한다. 하지만 아무리 자신을 갈고닦아도 생존할 확률은 점점 줄어들기만 한다.

2011년 인도에서 세계에 마지막으로 남아 있던 타자기 회사가 문을 닫았다. 1867년 미국에서 개발한 타자기는 사무실 업무에 혁신을 가져왔다. 하지만 컴퓨터의 등장으로 2000년대부터는 박물관에서나 볼 수 있는 유물이 됐다. 타자기만이 아니라 한때 혁신적이라 여겨졌던 수많은 기술과 제품이 같은 운명을 맞았다. 예컨대 파나소닉, 샤프, 코닥, 모토로라 같은 회사를 보면서 언제든지 문닫는 회사가 나올 수 있음을 알 수 있다.

회사가 경영난을 겪거나 도산할 때 가장 큰 피해자는 직원과 직원 가족들이다. 지금껏 회사로부터 밥벌이를 했는데 그 밥벌이가 끊기는 탓에 가정이 풍비박산 나기도 한다. 지금 다니는 회사가 정년까지 존재한다는 보장은 없다. 하지만 안타깝게도 지금 수많은 청춘은 대기업을 바라보며 평생직장이 되리라는 착각으로 치열하게 공부하고 있다. 이들 중 대다수가 앞의 시나리오에서 살펴본 A와 같은 인생을 살게 될 것이다.

어떤 조직에 몸담고 있든지 간에 반드시 떠나야 할 시기가 온다. 그래서 나는 직장인들에게 현실에 안주하지 말고 1인 기업을 준비하라는 조언을 한다. 직장 다닐 때 1인 기업을 준비한다면 어느 순간 갑자기 해고 통보를 받아도 절망하지 않을 수 있다. 오히려 "안녕!"이라는 인사와 함께 당당하게 회사를 나갈 수 있다.

조용헌 교수의 《고수기행》이라는 책에 보면 컴퓨터 사주 도사 김상숙 씨에게서 박수 칠 때 직장을 떠나는 1인 기업의 모습을 엿볼 수 있다.

"2년 후 정년퇴직하면 컴퓨터 사주 도사로서 본격적인 인생을 살 것이다. 후반전이 오히려 드라마틱할 것 같다. 정년 후에는 이 '무림비급'을 활짝 펼칠 때가 도래하는 것이다."

전주공고에서 컴퓨터를 가르치는 그는 동년배 교사들은 이미 교장이나 교감이 되었지만 자신은 평교사로 교직 생활을 끝낼 것임을 알고 있다. 하지만 그는 동료들과는 달리 정년이 더 기다려진다. 20년간의 노력으로 사주풀이 방법 중 하나인 60갑자를 기본 공식으로 삼아 사주팔자 풀이를 계산하는 컴퓨터 프로그램을 개발했기 때문이다.

이 프로그램은 5.47버전으로, 547번이나 수정, 보완한 것이다. 그는 진급을 위한 연구 과제는 하지 않고 멋진 1인 기업이 될 사주 프로그램을 연구했으며, 지금도 계속 보완 중이다. 60갑자의 데이터는 2,600만 가지 인생길을 담아놓은 것인데 사주랑 컴퓨터는 이종 접합이 어려운 분야다. 즉, 첨단을 달리는 IT 기술과 인간이 미래에 대해 사유하기 시작한 호모에렉투스 시절부터 갖고 있던 자신의 운명을 예상하는 기술의 만남은 둘 다를 통달하지 않고는 불가능한 일이다. 하지만 그는 교장 자리 대신 인생 후반부를 위해 이종 분야를 공부했다.

초임 교사 시절 수학을 가르치면서 1980년 서울의 중앙교육연수원 연수에서 컴퓨터와 인연을 맺었다. 그리고 1986년 전북교원연수원에서 컴퓨터 교육을 담당하는 강사로 활동하면서 시간표 생성 프로그램을 만드는 등 실력을 쌓았다. 비슷한 시기에 집안의 풍파를 겪었는데, 답답한 마음에 역술인을 찾아가면 이상하리만치 예상이 맞았다. 그때부터 사주에 관심을 갖고 주변의 유명 역술인을 찾아다니면서 역술을 배웠다. 자신보다 열 살이나 어린 여자 스승을 정중히 모셔가면서 배움을 이어나갔다. 이 분야는 나이가 아니라 내공의 차이로 스승이 된다.

그 후 20년간에 걸쳐 연, 월, 일, 시만 넣으면 자신의 운명을 읽는 프로그램을 개발했다. 무협지에 비유하자면 20년간 수련 끝에 나온 비급이라 하겠다. 한자 문화권인 한·중·일을 모두 둘러봐도 김상숙 씨의 프로그램처럼 이렇게 많은 데이터를 가진 해석과 70퍼센트의 적중률을 자랑하는 프로그램은 없다.

현재 주변 동기들은 결혼식 주례 아르바이트, 대학교 시간 강사로 살고 있다. 하지만 그는 전혀 다른 분야로 떠나야 할 시기를 기대하면서 컴퓨터와 사주를 접합하여 1인 기업을 준비했다. 그리하여 일본과 중국으로 우리의 IT 기술을 수출하는 1인 기업이자 대한민국 사주학의 고수가 된다. 한편으로는, 자신의 스승이 그랬듯이 점조직이긴 하지만 후학을 양성하고 있다. 김상숙 씨의 이야기를 들어보면 떠나야 한다는 걸 알고 철저히 준비한 자의 여유를 느낄 수 있다.

얼마 전 한 강사 모임에서 군대에서 평생을 보내고 전역한 P 강사를 만난 적이 있다. 그는 군대에 익숙해 있는 자신을 하루가 다르게 변화하는 세상에 적응시키기 위해 노력하고 있다고 자기소개를 했다. 그는 군에 있을 때 언젠가는 전역할 거라는 예상에 군 주특기 수송병과와 관련한 자격증을 모두 취득해놓았다고 했다.

그는 나에게 이렇게 말했다.

"3년 전에 이런 모임을 알고 인맥을 쌓았다면 전역 후 곧바로 민방위, 예비군 외에 외부 강의를 나갔을 것입니다. 언젠가 떠나야 할 것을 알았지만 너무 좁은 조직에서 준비를 한 탓에 많은 것이 부족하네요. 아, 할 수만 있다면 시간을 되돌리고 싶은 심정입니다."

그의 말에 공감이 되었다. 그분을 보면서 어떤 조직에 속해 있더라도 언젠가 반드시 떠날 날이 온다는 인생 진리를 새삼 깨달았다.

나는 여느 직장인들과 달리 지금 현실이 막막하거나 미래가 암울하지 않다. 왜냐하면 1인 기업가로 인생 2막을 꽃피울 준비를 차근차근 해나가고 있기 때문이다.

직장에 몸담고 있는 지금, 1인 기업가로서의 준비를 해야 한다. 지금 아무리 잘나간다 하더라도 언젠가 추락하는 순간이 올 것이다. 그땐 회사를 욕하면서 떠나게 될지 모른다. 회사를 욕하면 잠시 속은 시원할지 모르겠으나 그래서 얻을 게 무엇인가. 조직을 떠나야 하는 순간이 반드시 온다는 사실을 기억하고, 지금 당장 준비를 시작하자.

직장에 다니는 동안
또 다른 파이프라인을
구축하라

기업의 규모를 떠나 경영자를 만나면 꼭 물어보는 것이 있다.

"과거에는 지금보다 더 힘드셨을 텐데, 사장님은 처음에 어떤 계기로 사업을 시작하셨습니까?"

경영자들의 대답은 대부분 비슷하다.

"직장 생활 할 때는 지금 내 사업을 하면서 느끼는 성취감이나 보람을 느끼지 못했습니다. 무엇보다 나를 힘들게 한 것은 5년 후, 10년 후 과연 나는 무엇을 하고 있을까 하는 것이었습니다. 미래를 떠올려보니 정말 한 치 앞도 보이지 않더라고요. 그래서 고민 끝에 그나마 한 살이라도 젊을 때 남의 회사에 의존하지 않는 내 이름으로 된 회사를 만들기로 했던 겁니다."

그들이 나에게 해주는 조언이 있다. 생계가 가능한 밥벌이를 하고 있는 지금, 미래를 설계하라는 것이다. 최소 6개월에서 2년 정도 버틸 저축이 있거나 배우자의 일정 수입이 있는 상태라면 또 다른 파이프라인을 구축하라는 것이다. 구조조정 등으로 직장을 그만둔 후에 생각한다면 이미 승산 없는 게임이기 때문이다.

기업의 경영자가 '최대한 생계비용을 확보할 수 있는 지금, 인생 2막을 준비하라'고 조언하는 것은 아이러니하다. 물론 그들은 이런 얘기를 직원들이나 다른 직장인들에게 하진 않는다. 나에게 이런 핵심적인 조언을 해줄 수 있는 것은 내가 아직 젊기 때문이고 그의 회사에 몸담고 있는 직원이 아니기 때문이다.

1인 기업이든 장사든, 시작할 때는 반드시 가족의 지지를 얻어야 한다. 그래야 나중에 위기가 오면 혼자 전전긍긍하지 않고 가족과 함께 헤쳐나갈 수 있다. 사실 많은 이들이 자기 사업을 하면서 시련이 닥치면 좌절하고 절망한다. 그 이유는 힘든 현실을 가족에게 털어놓을 수 없기 때문이다. 그래서 혼자 외롭고 고통스러운 것이다. 그러다 끝내 호미로 막을 일을 가래로도 막지 못하는 일을 초래하게 된다.

나는 회사에 다닐 때 투잡보다 높은 개념의 또 다른 파이프라인을 구축하라고 말하고 싶다. 안정적인 밥벌이가 가능할 때 파이프라인을 구축해야 좀더 멀리 내다보고 탄탄하게 만들 수 있다. 쉽게 말해 허둥지둥하지 않는다는 말이다.

2012년 통계를 보면 직장인 556명을 대상으로 한 조사에거 17퍼센트(103명) 이상이 현재 부업을 하고 있다고 한다. 부업의 주된 목적은 '경제적으로 여유로워지고 싶기 때문'이 1위를 차지했는데 흥미나 적성 또는 미래에 대한 고민으로 투잡을 하는 경우는 겨우 4위였다. 이처럼 소득의 원천으로 투잡을 하기 때문에 스트레스가 높을 것이라고 전문가들은 말한다. 하지만 오랫동안 생존할 수 있는 1인 기업을 실현하기 위해서는 경제적인 이유가 아니라 가고자 하는 분야의 투잡이어야 한다.

최근에는 자신의 지식과 경력, 노하우를 바탕으로 한 1인 기업가들이 늘고 있다. 1인 지식 기업가가 되기 위해선 저서, 칼럼 기고, 강연이라는 세 가지 파이프라인을 구축해야 한다. 이것 없이는 잘나가는 1인 기업가가 될 수 없다. 대한민국 대표적인 1인 기업가로 꼽히는 공병호 박사, 이영권 박사, 구본형 소장, 김정운 소장 등은 모두 저술과 칼럼 기고, 강연에다 코칭까지 추가해서 하고 있다. 그들이 나이가 들수록 더 바빠지고 잘나가는 이유다.

여러가지문제연구소 김정운 소장 이야기를 해보자. 그는 직장에 몸담고 있을 때 앞에서 언급한 세 가지 파이프라인을 구축해서

1인 기업으로 성공했다. 먹기살기 위해 아등바등하기보다 잘 놀면서 성공한 인물이다.

그래서일까, 그는 이렇게 말한다.

"저는 독일에서 머리가 한 움큼씩 빠져가며 공부를 했어요. 그런 제가 사람들에게 '노는 만큼 성공한다'고 말하면 다들 의아해하더라고요. 그래도 창의력을 강조하는 사회에서는 잘 놀아야 성공합니다. 제발 잘 노세요."

놀아야 성공한다고 도발적으로 말하는 김정운 소장은 명지대학교 재직 시절 이미 《노는 만큼 성공한다》, 《남자의 물건》 등의 책을 펴내면서 이름 석 자를 세상에 확실히 알렸다. 그 결과 책 판매 수익으로 보통 직장인들로서는 상상도 할 수 없는 천문학적인 액수를 벌어들였고, 한 타임 강연료가 수백만 원을 호가한다. 어디 그뿐인가. 칼럼 기고로 벌어들이는 수입 역시 엄청나다. 지금 자신의 인생에서 가장 행복한 전성기를 보내고 있다. 얼마 전 그는 연예인도 찍기 힘들다는 TV CF까지 찍으면서 잘나가는 1인 기업가로 확고히 자리를 굳혔다.

또 다른 1인 기업가로 강비전스쿨의 소장 강헌구 소장이 있다. 장안대학교에서 교수로 재직하면서 수많은 청소년이 꿈이 없이 살아가는 걸 보고 안타까운 마음이 들었다. 그래서 꿈과 비전에 대한 다양한 사례를 바탕으로 10대들을 위한 자기계발서인 《아들아 머

못거리기에는 인생이 너무 짧다》를 출간했다. 출간과 동시에 베스트셀러가 되면서 비전을 심어주는 비전스쿨이라는 1인 기업을 세웠다.

김정운 소장, 강헌구 소장의 공통점 한 가지가 있다. 교수로 재직하면서 세 가지 수입 파이프라인을 구축했다는 것이다. 그 결과 갈수록 기대되는 대표적인 1인 기업가로 행복한 나날을 보내고 있다.

물론 이들과 같은 지식 관련 1인 기업이 아니더라도 직장 내에서 할 수 있는 투잡보다 높은 개념의 일들이 있다. 그 가운데 하나가 전문성도 인정받고 시스템이 좋은 회사라면 수당까지 더해지는 자격증 취득이다. 특히 1인 기업 분야 중 기술, 운송, 복지, 금융 분야에서는 사업자 등록을 위해서 자격증이 꼭 필요하다. 자신이 하고 싶은 분야의 자격증을 직장에 다니는 동안 취득하면 1인 기업, 인생 2막을 위한 초석을 다질 수 있다.

또 다른 방법은 자신의 업무지식이나 경험, 노하우, 취미 등을 토대로 책을 쓰거나 특허, 실용신안등록 등 지적재산권을 취득하는 것이다. 이런 지적재산권은 1인 기업의 아이템을 얻거나 정부 지원금을 받을 때에도 많은 도움이 된다.

직장 생활을 할 때 수입 파이프라인이 한 가지뿐이라면 직장에 더욱 매달릴 수밖에 없다. 새가슴이 되어 자신도 모르게 회사에 충성하고 헌신하게 된다. 수많은 재테크 기술이 넘치지만 가장 좋은 재테크는 자기계발을 통해 내 몸값을 높이는 것이다. 그러기 위해선 자신의 꿈에 투자해야 한다.

직장 생활을 할 때 또 다른 수입원을 창출해야 한다. 이제는 주말에 '방콕'하거나 골프를 치거나 퇴근 후 술자리에서 시간과 에너지를 낭비하기보다 직장에 다니는 동안 또 다른 파이프라인을 만들기 위해 노력해야 한다. 직장 생활은 생각보다 짧지만 인생은 생각보다 길다는 것을 기억하자.

:: 09 ::

평생직장이 아닌
평생직업을
선택하라

　1인 기업을 이야기하면 많은 사람이 당장 사표를 쓰고 자신의 사업을 하는 거라 생각한다. 하지만 자신을 스스로 고용한 1인 기업이라는 마음으로 직장을 바라보는 방법도 있다. 이렇게 하면 시간을 파는 월급쟁이가 아니라 성과를 내서 공정하게 거래하는 비즈니스 관계가 된다. 회사 또한 능력 있는 개인사업자들이 모인 조직이 되어 더 큰 성과를 낼 수 있다.

　우리나라 기업들이 가장 많이 배우고 벤치마킹한 곳이 일본 기업이다. 일본은 제2차 세계대전 이후 종신고용제라는 특유의 기업문화를 만들었다. 그리하여 '일본 샐러리맨의 희생'이라 불리는 퇴근 없는 근무로 미국을 위협하는 경제 성장을 이루었다. 관습적으로 종신고용제가 적용되면서 한 번 취업한 곳에서 벗어날 수 없는 직장 문화가 형성되었기에 직장 내 문제점을 스스로 찾아서 바꾸는 개선제도가 활성화된 것이다.

그 후 일본은 종신고용제가 주는 긴장감 떨어지는 문화와 정치계의 잘못된 경제 부양 정책으로 '잃어버린 10년'을 겪었으며, 반짝 성장을 되찾았다가 다시금 장기불황을 겪고 있다. 평생직장 문화를 선택한 일본의 모습을 보면 지금의 우리나라 초기 N세대 (1977~85년생) 직장 문화와는 대조적이다. 대한민국의 초기 N세대는 1997년 IMF 때 청소년기를 보내고 2008년에 미국발 금융위기가 한창일 때 취업전선으로 달려갔다. 주요 변환기 때 시대적 위기를 겪어서인지 이들은 직장을 다니면서도 언제든지 떠날 수 있게 공부를 계속한다. 즉, 샐러던트로 살고 있는 것이다.

기존 세대의 눈으로는 이직을 하는 N세대를 인내심 없는 철부지로 볼 수도 있을 것이다. 하지만 이들은 직장이 평생 자신을 책임져주는 곳이 아니라는 것을 이미 배워 알고 있기에 이직을 두려워하지 않고 자기 인생을 개척하는 데 적극적이다.

나는 두 가지를 언급하고 싶다. 먼저 샐러던트들은 지금 하는 공부가 직장을 위한 공부인지, 평생직업을 위한 공부인지 고민해야 한다는 것이다. 그리고 N세대들의 이직을 걱정하는 경영자는 회사의 비전을 이들에게 어떻게 제시할 것인가를 고민해야 한다는 것이다.

이 책을 읽고 있는 사람이 샐러던트이건 아니건 간에 지금 몸담고 있는 직장이 평생직장이라는 개념으로는 100세 시대를 살아가는 데 한계가 있다. 이제 우리 삶은 30년 공부해서, 30년 일하고, 30년을 노후로 보내야 하는 구조가 되었다. 그런데 지금 앞선 세대의 노후 준비를 보면 30년이라는 기간은 짧기만 하다. 그래서 지금 직장 생활을 할 때 평생 자신을 스스로 고용할 수 있는 평생직업을 찾고 준비해야 한다.

여든다섯이라는 나이가 무색할 정도로 팔팔한 현역으로 살고 있는 국내 첫 유학파 디자이너 노라노 여사. 그녀를 보면 평생직업이 무엇이고 프로로 산다는 것이 무엇인지에 대해 생각해보게 된다.

그녀는 스무 살 때인 1947년, 이혼의 아픔을 뒤로한 채 미군 폭격기를 개조한 비행기를 타고 미국으로 패션을 배우러 간다. 당시 우리나라 1인당 국민소득이 57달러였는데 1,000달러나 되는 항공권을 구매한 것이다. 그런데 그것보다 더 놀라운 일은 여자 혼자서 미국행을 결정했다는 점이다. 그녀뿐만 아니라 우리나라 여성 역사에서도 혁명적인 일이었다.

미국에서 대학교를 졸업하고 귀국하여 서울 명동에 자신의 이름을 내건 의상 숍을 열었다. 그때부터 '최초'라는 수식어가 늘 그녀를 따라다녔다. '최초의 유학파 디자이너', '최초의 패션쇼 디자이너', '최초의 기성복 패션쇼 디자이너' 등. 하지만 언론과의 인터뷰에서 그녀는 최초보다는 최선을 이야기한다.

"'최초'를 의식하지 않았고, '최고'도 목표가 아니라 최선을 다해 전력투구하는 자세로 살고 있습니다."

그녀는 인터뷰에서 젊게 그리고 지금도 현역으로 사는 비결을 이렇게 전했다.

"철들지 않아서 젊은 것 같아요. 저는 건달이에요. 고급 기술을 가진 건달. 최초로 패션쇼를 열었던 것도 하고 싶어서 한 거고, 아무리 대단한 사람이라도 만나고 싶지 않으면 안 만나요. 제 열망이 이끄는 대로 따라갈 뿐 이해타산에 얽매이지 않아요."

"일은 하고 싶어서 하는 것이고, 평생 단 한 번도 숙제하듯 일을 해본 적이 없어요."

언제까지 일할 것이냐는 질문에는 다음과 같이 말했다.

"코코 샤넬이 활동을 접었다가 71세에 패션계에 컴백해 88세까지 일하다가 세상을 떠났지요. 그럼 난 90세까지만 일하면 코코샤넬 기록을 깬다고요."

그녀는 자신이 좋아하는 일을 하며 평생 현역으로 사는 진정한 드림워커다.

직장에 몸담을 수 있는 기간은 길어봐야 10년이다. 통계에 따르면 대부분의 직장인이 3년에서 5년 사이에 직장을 옮기는 것으로 나타난다.

《평생 일할 수 있는 즐거움》에 소개된 아흔 살의 일본 최고령 바텐더 야마자키 다츠로 씨. 전쟁 후 폐허가 된 일본에서 의지할 부모님도 집도 없이 시작한 그는 성실함과 친절함을 인정받아 군인을 위한 바에 취직했고 35세 때 자신의 이름을 단 BAR 야마자키를 열었다. 그는 자기 일을 누구보다 최선을 다해 한다. 그를 보면 진정한 프로란 무엇인지에 대해 알게 된다.

"오늘 손님이 피곤해 보이는 것을 느끼면 그의 취향에 맞게 칵테일을 만드는 것이 바텐더의 기본이다."

바텐더의 본질에 대해 '자신을 갈고닦아서 파는 직업'이라 말할 만큼 프로 정신이 강하다. 처음에는 일자리가 없어서 어쩔 수 없이 선택한 직업이다. 하지만 '내일은 분명히 좋아질 거야'라는 긍정적인 생각을 가지고, 스스로 흥미를 느끼기 위해 칵테일을 개발하고 고객을 대접하는 방법을 연구하면서 재미를 찾았다.

그는 자신을 벤치마킹하는 사람들에게 "서비스 정신이 투철하면 어떤 직업이든 반드시 성공한다"고 말한다. 그만큼 지금 하는 일에서 최선을 다함으로써 평생직업으로 만들어야 한다는 뜻이다.

평생직장이 아닌 평생직업을 갖기 위해선 일본을 최초로 통일한 시대적 영웅 도요토미 히데요시의 마인드가 필요하다고 그는 말한다. 히데요시는 주인의 짚신을 들고 따라다니던 하인 시절에 하인 중에서 가장 높은 계급이 되려고 끊임없이 연구하고 노력했다. 그 결과 오다 노부나가에게 인정받을 수 있었다. 평생직업을 찾고 준비하기 위해선 어디에서 무엇을 하든 부단한 노력이 필요하다고 그는 강조한다. 라면 하나를 끓이는 일에도 노력이 필요한데, 하물며 평생 현역으로 살아가는 평생직업을 만드는 일은 오죽할까.

평생직업을 선택하면 분명 평생을 현역으로 살아갈 수 있고 시간이 갈수록 성공하게 되어 있다. 지금 잘나가는 1인 기업가들 역시 과거 평범한 직장인이었다. 하지만 평생직장이 아닌 평생직업을 찾기 위해 고민하고 노력했기에 정년이 없는 즐거운 인생을 살 수 있게 되었다.

나는 남이 만든 회사가 아니라 내 이름으로 된 1인 기업을 경영하는 사람만이 평생 현역으로 살 수 있다고 생각한다. 아니, 확신한다. 그러니 평생직장이 없어진 지 오래인 지금 뜨거운 열정과 비전 그리고 행복 속에서 살 수 있는 평생직업이 될 1인 기업으로 스스로를 고용하는 선택을 하라고 말하고 싶다.

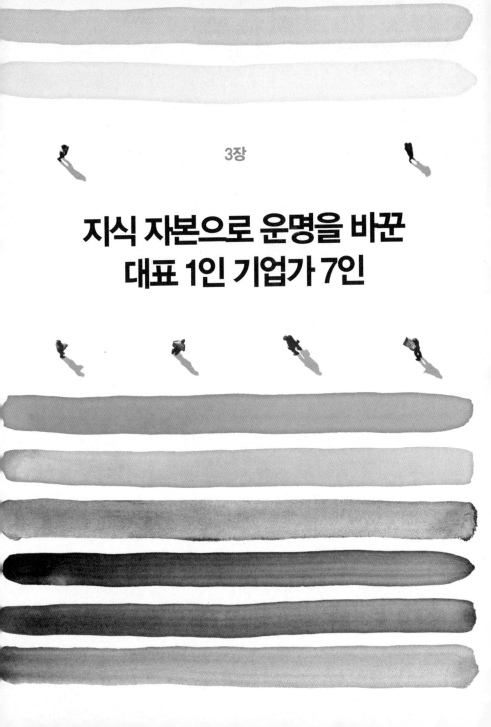

3장

지식 자본으로 운명을 바꾼
대표 1인 기업가 7인

명품 인생을 만드는 10년 법칙

: 공병호(공병호경영연구소)

사람들 기억 속에 무언가를 오랫동안 남기는 방법은 '최초'가 되거나 '최고'가 되는 것이다. 그래서 다들 그 두 가지 가운데 하나가 되기 위해 분투하고 있다. 그런데 1인 기업 세계에서 '최초'이자 '최고' 이 둘을 가진 사람이 있다. 바로 공병호경영연구소 공병호 소장이 그 주인공이다.

온화한 미소와 따뜻한 음성을 가진 옆집 아저씨 같지만, 그는 이름이 곧 브랜드이자 기업들이 앞다퉈 초청하는 유명 강연가이며 저술가다. 두 달에 한 권꼴로 책을 펴내고 매일같이 쏟아내는 칼럼과 자기경영 코칭으로 많은 사람에게 꿈과 목표를 보다 빨리 실현할 수 있도록 도움을 주는 대한민국 대표 1인 기업가다.

공병호 소장은 자신을 실천하는 자유주의자라고 말한다. 그가 말하는 자유주의자는 '자유의지에 따라 결정하고 그 결과에 대해서도 스스로 책임지는 사람'을 가리킨다. 보통의 자유주의자는 현실과 동떨어진 이상을 좇는 이론으로 따뜻한 대학 강단을 벗어나지 못한다. 하지만 그는 실천하는 자유주의자답게 전문경영인, 교수, 심지어 2001년에는 억대 연봉의 유혹도 뿌리치고 냉혹한 자본주의 시장에서 실천하는 자유주의자가 되기 위해 홀로서기를 선택했다.

그가 달콤한 사탕 같은 여러 유혹을 뿌리치고 1인 기업을 시작한 것은 어린 시절의 신념에서 비롯되었다고 할 수 있다. 직장 생활을 할 때 그는 누구보다 치열하게 살았다. 그 과정에서 월급쟁이의 한계를 절감한 후 1인 기업에 대한 비전을 가졌다.

그는 어릴 때부터 사업을 하며 치열하게 사시는 아버지를 보고 자랐으며, 7남매 중 막내로 한 번도 가본 적이 없는 서울에 대해 친구들 앞에서 능청스럽게 이야기를 꾸며내기도 하는 전형적인 꼬마 이야기꾼이었다. "과외 한 번 받아본 적 없었다는 점이 오히려 능력을 키운 것"이라고 말할 정도로 힘든 주변 여건을 원망하지 않고 뭐든지 스스로 해결하며 청소년기를 보냈다. 그리고 한글 타자기 발명가인 공병우의 자서전《난 내 식으로 살아가련다》를 읽으면서

나 스스로 고치고 단련하는 삶을 살겠다고 다짐했다. 그것이 어린 시절부터 '내 식으로 살아가기'라는 신념으로 자리 잡았으며, 대학 시절 시골 출신이라는 콤플렉스나 아버지의 사업부도 등 자신의 열세를 만회하기 위해 치열하게 사는 데 자양분이 되었다.

그가 월급쟁이의 달콤한 유혹도 과감하게 뿌리칠 수 있었던 것은 미국 라이스대학교에서 박사 학위를 마치고 조직 생활을 할 때 자신이 가진 지식으로는 기껏해야 3년에서 5년 정도를 버틸 수 있다는 것을 자각했기 때문이다. 이런 자각은 인생 2막을 위한 자기계발로 이어졌다. 그 후 자신의 내면 세계에 대한 탐색과 앞으로 전개될 미래에 대한 통찰력을 바탕으로 '아카데미즘과 저널리즘 사이의 중도 노선'에 초점을 둔 저술 활동과 대중적인 강연 활동을 하기 위해 선택과 집중의 삶을 살았다.

자기계발에 관한 책이나 정보가 거의 없던 시절에 그런 결정을 한 것은 아무나 할 수 있는 일이 아닐 것이다. 직장을 다니면서 한 치의 소홀함도 없는 자기경영으로 《기업가》, 《한국기업 흥망사》 등의 책을 펴내며 대중 속에 공병호라는 이름 석 자를 확실하게 알렸다. 그리고 2001년 10월 41세에 억대 연봉의 유혹을 과감히 뿌리치고 진정한 최초의 1인 지식기업인 공병호경제연구소(現 공병호연구소)를 설립했다.

1인 기업가로 변신한 후 철저한 자기관리를 위해 새벽 세 시에 기상해 곧바로 저술(책, 칼럼 쓰기)에 집중했다. 정기적으로 주최하는 조찬 모임에서 강연을 하고, 오전 열 시까지 책을 쓰거나 독서를 하며 열 시 이후 잠깐 수면을 취하고 오후 일정에 들어간다. 365일 비슷한 패턴이지만, 그는 12년간 매일같이 반복하면서도 자기 관리에서 한 치의 흐트러짐이 없다. 철저히 자기 일과를 기록하고, 일하는 시간만큼은 온 힘을 다해 몰입한다.

그는 몰입에 방해가 되는 '감정의 낭비'를 줄이기 위해 아내와 아이, 친구, 사회 등 자신을 둘러싼 모든 것과의 관계를 정립했다. 그와 더불어 자신이 하는 일에 오롯이 집중하기 위해 덜 중요한 일을 줄여나갔다.

이런 생활이 가능했던 것은 끊임없는 성취보다 포기의 미학을 발휘했기 때문이다. 한 언론과의 인터뷰에서 그는 포기의 미학에 대해 이렇게 말했다.

"모든 잡기(雜技)를 포기했지요. 제가 가진 시간과 모든 역량을 직업적 성과로 만드는 데 쏟아 부었습니다. 그 활동에는 책 쓰기와 강연이 포함되겠지요. (…) 확실한 것은 사람 많이 만나서 저녁 먹는 일이 제 핵심 역량은 아니라는 겁니다. 제 핵심 역량은 콘텐츠 창조 능력입니다."

그는 현대 인맥관리에 일반화되어 있는 골프도 하지 않는다. 하지만 그를 찾고, 그를 인터뷰하고 싶어하는 사람은 많다. 그의 책

《명품인생을 만드는 10년 법칙》에서처럼 진지한 내면 성찰 이후 선택한 분야에 화력을 쏟아 붓기 위해 노력했다. 그래서 감정과 에너지, 시간을 소모하게 하는 사람들과의 만남을 피하며 일에 집중했다.

그는 성공하는 1인 기업가가 되기 위해 지금껏 아래 다섯 가지를 실천했다. 1인 기업을 꿈꾸는 사람들에게 도움이 되겠다는 생각에 소개한다.

첫째, 유행에 놀아나면 안 된다.

매스미디어에서 얘기하는 것들에 쉽게 현혹되면 실패하기 쉽다. 1인 기업가가 유행이라지만 1인 기업은 무척 치열한 시장이다. 트렌드에 넘어가 가벼운 마음으로 시작해선 안 된다.

둘째, 1인 기업을 하고 싶다면 그동안 자신이 살아온 세월을 뒤돌아보고 어떤 장점을 가지고 있는가를 찾아라. 지난 시간 동안 얻은 노하우 중 남들에게 팔 수 있을 만큼 상품 가치가 있는 무언가를 가지고 있지 않다면 사업을 벌여봐야 십중팔구 실패한다.

셋째, 사업은 최대한 작은 규모로 시작하라.

크고 번듯하게 시작해서 남들에게 그럴듯해 보이고 싶다는 허장성세는 절대 안 된다. 가능한 한 비용 부담을 줄여 작게 시작한 뒤 조금씩 키워가야 한다.

넷째, 1인 기업가가 되면 조직에서 보수를 받을 때에 비해 딱 두 배 더 많이 일할 각오를 해야 한다. 1년 365일을 일해야 하며 이런 생활을 10년 정도 계속해야 한다. 그렇게 해도 지치지 않을 자신이 있으면 시작하라. 매일 해도 지치지 않으려면 자신이 좋아하는 일이어야 한다. 단지 돈을 위해 뛰어들어서는 성공할 수 없다.

다섯째, 1인 기업가는 상하 없이 혼자 일하기 때문에 자기규율이 무척 엄격해야 한다. 음주, 흡연, 대인관계, 오락, 감정조절 등의 문제에서 자기 자신을 자로 잰 듯 철저하게 통제해야 성공할 수 있다.

깊이 있는 성찰과 현장에서 치열하게 배운 진정한 1인 기업다운 성공수칙이다. 특히 365일 일할 수 있는가를 따져보라는 조언은 자신이 좋아하는 일을 해야 가능하다는 것을 말해준다.

공 소장은 우리나라의 속담을 인용해 1인 기업의 조건을 이야기한다. '모난 돌이 정 맞는다'를 바꾸어 모난 돌이기에 흔적을 남길 수 있고, 역사는 끊임없이 현실에서 모반을 꾀한 혁명가의 편에 있다고 말하며 조금 독특하게 자신을 브랜드화해서 "모난 돌이 되라"고 조언한다.

공병호 소장이 현재 많은 사람, 특히 1인 기업가를 꿈꾸는 이들에게 롤모델이 될 수 있었던 것은 그동안 90여 권의 책을 펴내면서

'공병호'라는 이름 석 자를 대중에게 꾸준히 알렸기 때문이다. 특히 《10년 후, 한국》을 출간하면서 '공병호 브랜드'가 확실하게 자리매김했다.

나는 하루에도 몇 군데의 강연을 다니고 칼럼을 기고하는 등 바쁜 그가 언제 책을 쓸까 하는 의문이 들었다. 그는 주로 새벽에 책을 쓰고, 이동 중일 때 독서를 한다. 그리고 독서를 할 때는 '책을 빨리 읽고, 핵심 내용을 파악한 다음, 그것을 멋지게 이용한다'는 모토로 다독을 자랑한다.

그는 책을 쓸 때 평소 자신이 공부하고 싶었던 분야와 대중이 원하는 분야의 중간 지점을 찾아 주제를 정하고, 제목과 목차 그리고 마감일을 A4용지 한 장에 입력한다. 대략 40개가 되는 목차를 놓고 매일 작은 프로젝트를 완료하듯 1개씩 작성하다 보면 두 달 후 책이 나온다. 이것이 그가 전하는 책 쓰기 비법이다. 언뜻 보면 쉬운 일 같지만 13년 이상의 내공을 가진 그이기에 가능한 일이다.

현재 공병호 소장은 누구보다도 즐겁고 행복한 인생을 살고 있다. 하지만 그 역시도 과거 평범한 월급쟁이였다는 것을 기억해야 한다. 또한 가족의 생계를 책임지는 아버지이자 사업 초기 불안에 떨어야 했던 평범한 1인 기업가였다는 점도 잊어선 안 된다. 그가 보통 사람들과 다른 것은 평범한 직장인으로 삶을 마치겠다는 생각에서 탈피해 1인 기업가로 성공하겠다는 확고한 꿈을 가지고 꾸준히 선택과 집중을 했다는 것이다. 그런 치열한 과정이 있었기에 지금의 위치에 오를 수 있었다.

공 소장은 성공으로 가는 길은 의타심(依他心)을 버리는 것에서 부터 시작한다고 말한다.

"인간의 행동은 생각의 결과물입니다. 인간은 자신이 어떤 생각을 하느냐에 따라 빈자가 될 수도 있고 부자가 될 수 있습니다. 이것은 대부분의 성공학 저서가 전하는 메시지이기도 합니다. 저는 가난한 사람들이 가난한 이유는 의타심 때문이라고 생각합니다. 남에게 기대려고 하는 한 아무리 돈을 갖다 주어도 결국 가난을 벗어날 수 없습니다. (…) 개인이건, 국가이건 자신의 허물을 스스로 책임지기보다는 타인에게 미루려고 하는 마음, 즉 의타심을 가지게 되는 순간 자신도 모르게 빈자의 길로 들어서게 됩니다."

대한민국 1인 기업의 대표 아이콘을 넘어, 대한민국 지식경제사에 빠질 수 없는 인물인 공병호 소장. 치열한 자기관리와 미래를 읽는 통찰력이야말로 지금의 그를 만들었다고 할 수 있다. 당신도 그처럼 1년 365일 끊임없이 공부하고 연구하며 자신을 경영하면서 눈부신 미래를 만들어가길 바란다.

고전, 내 인생을 바꾼 모멘텀

: 박재희(민족문화콘텐츠연구원)

《고수기행》의 저자 조용헌 교수는 먹고살기 팍팍한 세상에 극단적인 선택을 피하기 위해서는 고전을 읽으라고 말한다. 특히《사기열전》을 읽다 보면 궁형의 치욕 속에서 개인적인 신념과 역사의식으로 끝까지 집필을 마친 사마천을 생각할 수 있고, 아무리 경제가 힘들다 해도《논어》를 읽다 보면 목숨이 왔다 갔다 하는 춘추전국 시대에도 이상향을 꿈꾼 사람이 있었다는 것에서 큰 용기를 얻을 수 있다.

몇 해 전부터 우리나라에 고전과 철학 열풍이 불고 있다. 경제적으로 힘든 상황이라 마음의 위안을 얻고 위기를 돌파할 수 있는 지혜를 얻고자 고전, 철학에 대한 책과 강연이 속속 나오고 있다. 이러한 고전 열풍의 신호탄은 2002년 EBS에서 했던 〈손자병법과 21세기〉 특강과 매일 아침 청아한 목소리로 고전의 지혜를 들려주는 〈3분 시사고전〉이었다. 두 프로그램을 진행한 주인공은 요즘 청소년 특강뿐 아니라 인문 고전 강의에서 최고의 주가를 올리고 있는 민족문화콘텐츠연구원 박재희 원장이다.

박재희 원장은 진정한 '라디오 스타'라고 불릴 만큼 아침 7시 55분에서 7시 58분까지 전 국민을 상대로 시사문제와 고전을 누구나 이해하기 쉽도록 풀어서 들려준다. 감동과 지혜를 위해 청취자에게 필요한 시간은 단지 3분이다. 방송 시간대가 출근 시간이어서 직장에 나가는 사람들에게 바쁜 일상에서 잊고 있었던 삶의 원칙과 지혜를 생각하게 해준다.

현재 그는 한국예술종합학교 교수이면서 민족문화콘텐츠연구원 원장이기도 하다. 주로 《손자병법》을 현대에 맞게 풀이해서 강연하는데 그의 강연은 '무조건 싸워 이겨라'라는 식의 판에 박힌 형식이 아니다. "다치지 않으며 싸우지 않고 상대를 이기는 것이 진정한 승리"라고 말한다. 손자병법 강연 중 주로 활용하는 문구가 '선승구전(先勝求戰)'이다. '전쟁은 싸워서 이기러 가는 것이 아니다. 승리를 확보한 후에 승리를 확인하기 위해 가는 것이다'라는 뜻으로, 그는 이를 비즈니스 세계에 접목해 이야기한다.

"전쟁에서 중요한 것은 이기는 것이 아니라 지지 않는 것입니다."

"감정과 분노를 이기지 못하고, 확실한 승리에 대한 준비 없이 적의 성벽을 기어오르게 하면 병력의 3분의 1을 잃는 것처럼 비즈니스에서도 감정이나 오기가 아니라 큰 안목을 갖고 바라보는 전략이 있어야 합니다."

나는 그가 오랫동안 공부한 고전이 그의 인생을 바꾸었다고 생각한다. 만일 그가 고전을 꾸준히 공부하지 않았다면 분명 지금과는 동떨어진 인생을 살아가고 있을 것이다. 강연을 하는 그의 모습을 보면 열정을 느낄 수 있다. 그 열정은 한 가지 일에만 심취해 있는 사람, 자신이 좋아하는 일을 가지고 사회에 선한 영향력을 미치는 사람에게서만 느낄 수 있는 힘이기도 하다. 즉, 그의 내공을 엿볼 수 있다는 말이다.

그는 바쁠수록 《손자병법》과 같은 고전을 가까이해야 한다고 조언한다.

"손자병법은 우리에게 삶의 방법과 유연한 가치관을 가르쳐주며, 현대를 사는 우리에게 다양한 분야에서 번뜩이는 영감을 제공한다. 공간과 시간, 지식의 혁신을 통하여 끊임없는 자기발전을 위해 노력해야 한다."

요즘 박 원장의 주가가 상한가를 치는 것은 세상에 나온 지 2,000년이 지난 골동품 같은 고전을 현대적으로 재해석하는 능력이 탁월해서만이 아니라 각 상황에 맞게 잘 접목시키기 때문이다. 그리하여 30년 가깝게 공부한 내공과 수없이 했던 강연 기술로 그는 누구도 따라올 수 없는 고전 분야 최고의 1인 기업가로 우뚝 섰다.

그동안 박재희 원장이 걸어온 성공 스토리는 나에게도 많은 동기부여가 되었다. 그의 성공 스토리는 나뿐만 아니라 1인 기업가를 꿈꾸는 이들에게 설렘과 흥분을 안겨줄 것이라고 확신한다.

그는 충청북도 괴산에서 태어났으며, 동네 아이들을 가르치는 훈장님을 삶의 모델로 삼았다. 훈장님이 바로 그의 조부였다. 조부 덕분에 일찍이 한학에 눈을 떠 자연스럽게 성균관대학교 동양철학과에 들어갔다. 그 후 정훈장교로 군 복무를 하고 같은 대학에서 석사, 박사 학위를 취득했다.

모든 1인 기업가가 그랬듯이 그 역시 한 우물을 파서 성공했다. 그가 다른 사람들과 구별되는 것은 당시 철학 또는 고전을 배운다는 건 경제적으로 힘든 생활을 자청하는 것이었다는 점이다. 하지만 그는 과거부터 뼛속 깊이 진정한 1인 기업가라는 생각을 가지고 살았다.

그의 말이다.

"내 인생에 취직을 생각해본 일은 없어요."

그는 온갖 어려움 속에서도 끝까지 한학만을 깊이 파고들었다. 그런 지독한 노력 속에서도 무명 생활은 계속되었다. 그러던 중

2002년 EBS에서 21세기 대한민국에 철학적 화두를 던진〈손자병법과 21세기〉강의를 하게 되었다. 그때 그의 고전에 대한 해박한 지식과 쉽게 풀어 설명하는 입담, 시대적 트렌드라는 삼박자가 어우러져 그동안 고생하며 파왔던 우물에서 물길이 터졌다. 지금은 몸이 열 개라도 모자랄 지경으로 바쁘지만 누구보다 행복하다. 하루하루가 가슴 뛰는 삶이다.

그러면서도 그는 항상 겸손한 고전학자의 모습을 잃지 않는다.

"이렇게 바빠졌지만 마음가짐이 별로 달라진 것은 없어요. 세상이 알아주니 좋지만 자신이 할 일을 묵묵히 할 뿐입니다."

이런 겸손과 그만의 확고한 콘텐츠로 누구도 따라올 수 없는 '박재희 브랜드'를 만든 것이다. 그는 900회 가까운 KBS 제1라디오 〈라디오 시사고전〉중 가슴에 새길 만한 내용 세 가지를 들려줬다.

첫째는 군자고궁(君子固窮)이다. 군자는 어렵고 궁핍할 때 심지가 더 굳고 깊어진다는 뜻이다. 추사 김정희의 〈세한도〉에 나오는 소나무가 추워야 비로소 그 푸름의 진가를 드러내듯, 그 역시 1인 기업 초창기에 어려운 시절을 보냈는데 지금은 오히려 그때를 '전성기'라고 부른다. 힘들 때 자신을 성장시켰던 한자성어라고 말한다.

둘째는 화이부동(和而不同)이다. 다름을 인정하고 조화로움을 추구한다는 뜻이다.

셋째는 호연지기(浩然之氣)다. 하늘과 땅을 덮을 만한 큰 기운이

라는 뜻으로, 한 우물을 파는 데 흔들리지 않도록 꼭 필요한 마음
가짐이다.

현재 잘나가는 1인 기업가들 가운데 한 사람인 그의 주 수입원
은 기업체 강의, 예술학교 전통예술원 교수, 라디오 진행, 저서 그
리고 각종 인터넷 강의다. 특히 인터넷 강의를 보면, '박재희'라는
브랜드 하나만으로 홈페이지 첫 화면을 장식한다. 그리고 《손자병
법》 하나로 처세술은 물론 기업경영, 리더십계발 등 다양한 콘텐츠
를 만들었고, 《어린이 3분 고전》을 출간해 저술 활동의 폭도 넓히
고 있다. 이미 그는 고전으로 다양한 분야의 수입 파이프라인을 확
보했다고 할 수 있다.

박 원장을 보면 '궁즉통(窮則通)'이라는 문구가 떠오른다. 《주역》
에 나오는 말로, 그는 "세상에 답이 없는 경우는 없다. 문제는 답이
없다고 포기하는 것이다"라고 해석한다. 그 역시 실용주의에 밀려
고전이 뒷방 노인네 취급을 당할 때는 마음이 편치 않았을 것이다.
하지만 '궁하면 변하고, 변하면 통하게 되며, 통하면 오래간다'라
는 말처럼 30여 년을 고전과 통한 그는 흔들림 없이 꿋꿋하게 자신
의 길을 걸어갈 수 있었다.

1인 기업가를 꿈꾼다면 '궁즉통'을 가슴에 새겨서 때로 거친 비
바람이 불고 눈비가 내리더라도 흔들림 없이 나아가길 바란다.

:: **03** ::

성공은
시스템이다

: 이영권(세계화전략연구소)

자신의 분야에서 일가를 이룬 사람들에게는 다음과 같은 세 가지를 엿볼 수 있다.

첫째, 지독하게 가난했다.

둘째, 온갖 시련과 역경에도 굴하지 않고 자신의 길을 걸어갔다.

셋째, 인생에 지독하리만치 치열함이 묻어난다.

그들의 인생을 돋보기로 자세히 들여다보면 수많은 우여곡절이 드러난다. 그래서 우리는 지치지 않는 열정으로 수많은 난관을 극복하고 자신이 원하는 인생을 쟁취하는 그들의 인생을 드라마에 비유하기도 한다.

그동안 나는 이 책을 집필하기 위해 수많은 1인 기업가, 특히 다양한 분야에서 성공을 이룬 이들을 연구 · 분석해왔다. 1인 기업을 경영한다는 자체만으로도 그들은 주도적인 인생을 살아가는 멋진 사람들이었다. 그 가운데 나는 정말 이보다 더 독한 사람은 없다는 생각이 드는 한 사람을 만났다. 대한민국 최고의 입담꾼이자 최고의 강연가인 이영권 박사다. 그가 살아온 인생을 살펴보면 왜 그가 성공할 수밖에 없는 사람인지 알게 된다.

1955년 수원에서 장남으로 태어난 그는 여섯 살 때 아버지를 여의고 홀어머니 슬하에서 자랐다. 영특한 머리와 큰 꿈이 있었지만 집안 형편이 늘 그의 발목을 붙잡았다. 고민 끝에 당시 사회 주류층으로 갈 수 있으며 돈을 벌면서 공부할 수 있는 육군사관학교에 입학하기로 했다. 하지만 신체검사에서 눈 때문에 합격하지 못해 입대를 포기하고 만다.

그는 명문 대학교에 합격하고도 등록금이 없어 고민하다가 전액 장학금을 지급한다는 명지대학교 무역학과에 입학한다. 당시의 그는 어려운 집안 형편과 뜻대로 풀리는 것이 없는, 그야말로 '아프니까 청춘'이었다. 사회 분위기도 어수선했던 터라 그는 술 마시고 기타 치며 세월을 보낸다.

대학 3학년 때 선배와의 술자리에서 "앞으로 한국은 외국을 상대로 돈을 벌어야 한다", "영어라는 무기를 개발하면 좋겠다. 영어를 죽여라"라는 말을 듣게 된다. 그는 열등감과 절박함을 불쏘시개 삼아 대학을 졸업할 때까지 1년 반 동안 하루에 열두 시간 이상 영어 공부에 매달렸다. 그렇게 지독한 영어 공부를 통해 자기혁명을 시작한 것이다.

그는 유창한 영어실력을 바탕으로 선경(現SK)에 입사한다. 직장인이 된 후 영어 공부를 할 때처럼 철저하게 일을 처리했다. 부족한 학벌을 메우기 위해 주경야독으로 연세대학교에서 석사 과정을 마친다. 이후 가난의 한(恨)을 풀고 일과 공부를 하면서 승승장구하는 삶을 살아간다.

그 후 30대 후반에 기업의 꽃, 임원으로 진급하는 기쁨을 맛본다. 역대 최연소라는 기록이었다. 하지만 승진할수록 회사에는 자신보다 나이가 많은 부하직원이 늘어만 갔고, 나이 많은 부하직원들 때문에 어려움이 많았다. 멘토를 만나기 전까지, 그저 열심히 하다 보면 나이 많은 부하들이 경외심을 표할 거라고 막연히 생각했다.

그 후 SK 그룹 경영기획실 뉴욕지사로 파견을 나가 또 한 번의 터닝 포인트를 접하고 진정한 멘토를 만나게 된다. 미국에서 자동차를 구입하면서 인연이 된 미국 내 자동차 판매왕인 조지 브라운이다. 보통의 자동차 세일즈맨은 판매 후 고객 서비스가 상대적으로 약했지만 조지 브라운은 판매 후에도 서비스를 계속함은 물론 자동차에 관한 전문지식까지 알려주는 고객 중심의 세일즈맨이었다. 조지 브라운은 하루를 누구보다 치열하게, 전략적으로 보냈다.

이 대표가 말하는 조지 브라운의 하루는 대강 이렇다.

- 5시 기상, 30분 운동
- 하루 5개의 신문 탐독
- 7시 출근
- 고객들에게 매일 2시간씩 손 편지쓰기(50~100명)
- 오전, 클라이언트 1~2명 만나기
- 점심
- 오후 클라이언트 1명 만나기
- 오후 4시 사무실 복귀 : 5명의 비서와 오늘 하루 경험을 100 퍼센트 공유, 고객관리에 대해 비서에게 지시
- 6시 퇴근
- 일주일에 3번은 학원이나 학교(자기계발), 2번은 사람 만나기
- 9시 귀가, 2시간 독서
- 11시 취침

그는 조지 브라운을 벤치마킹하기 시작했다. 그러면서 조지 브

라운에게서 다음 세 가지를 배울 수 있었다.

첫째, 성공은 시스템이다.

둘째, 성공하려면 실력과 인격을 갖춰야 한다.

셋째, 멘토는 성공으로 가는 내비게이션이다.

그 후 조지 브라운을 멘토로 삼고 자기만의 성공 시스템을 만들어나가기 시작했다. 그리고 언젠가는 한국에도 '성공학'의 시대가 올 것이라고 생각하면서 성공 시스템을 체계화시켰다. 이 성공 시스템이 제2의 이영권 대표를 양성하는 '멘토클럽'의 모태가 된다.

귀국 후 그룹 홍보담당 이사가 되어 방송과 인연이 닿는다. 편안한 음성과 재치 있는 언변으로 강연가의 길을 권유받자 조직을 벗어나 세계화전략연구소를 창립하면서 본격적인 1인 기업가로 출발한다. 지금은 연 700회가 넘는 강연과 40권에 달하는 저서 출판으로 대표 1인 기업가로서 바쁘게 살고 있다.

그가 이처럼 직장인에서 1인 기업가로 연착륙한 것을 넘어 대한민국 대표 1인 기업가가 될 수 있었던 것은 인격과 실력을 두루 갖춘, 말 그대로 진정한 명강사이기 때문이다. 그는 자신의 이름을 내건 경제 프로그램인 KBS 제2라디오 〈이영권의 경제 포커스〉를 8년간 진행했다. 이를 통해 자신의 이름 석 자를 세상에 알릴 수 있었다. 그리고 세계화전략연구소 창립도 직접 170개국을 돌아다니면서 느꼈던 '부자 대한민국'을 만들기 위한 높은 비전을 가지고 한 일이니만큼, 강의 프로그램도 진정한 부자 만들기에 초점을 두고 다양한 연령층을 상대로 교육한다. 주로 경제학과 부자 마인드, 동기부여, 부자 가족 등의 주제로 강연을 한다.

어렸을 때 누구보다 힘든 환경에서 자란 그는 이제 다른 사람들을 더 나은 인생으로 이끌어주기 위해 자신의 지식과 지혜, 노하우를 들려주고 있다. 가난을 이기고 자신의 분야에서 최고가 된 사람들이 그렇듯이 그에게도 깊고 탄탄한 인생의 내공이 느껴진다. 무엇보다 열정과 겸손을 갖춘 그는 지금도 주경야독의 치열함으로 공부와 저술 활동을 병행하고 있다. 책 쓰고, 강연하고, 칼럼 기고하고, 많은 사람을 코칭하는 그를 보고 있으면 '이래서 1인 기업이 진정 행복한 직업이구나' 하는 생각이 절로 든다.

'성공은 시스템'이라고 말하는 이 대표는 자신의 분야에서 최고가 되기 위해선 다음 여덟 가지 성공 시스템을 꾸준히 실천하라고 말한다.

1. 목표를 정확하고 명확히 해라.
2. 시간관리를 철저히 해라.
3. 나름의 건강관리 방법을 익혀라.
4. 이미지도 경쟁력을 넘어 생존이다.

5. 휴먼 네트워크 시스템을 만들어라.

6. 철저한 재무관리를 해라.

7. 멘토를 철저히 따라 해라.

8. 베푸는 것을 잊지 마라.

 여덟 가지 성공 시스템은 어느 분야든 적용할 수 있다. 그리고 어떤 분야든 이 성공 시스템만 꾸준히 적용하면 최고가 될 수 있고 성공할 수 있다. 특히 그는 멘토를 선택할 때는 신중해야 한다고 조언한다.

 "자신이 가는 길에 이미 성취한 사람 중 인격이 좋은 사람, 또는 새로운 길을 개척해야 하는 1인 기업의 경우 성공으로 가는 방법은 본질적으로 같으니 스스로 규정한 성공자 중 인격이 좋은 사람을 멘토로 정해야 한다."

 그가 1인 기업가로 성공할 수 있었던 비결로는 다음 네 가지를 꼽을 수 있다.

 첫째, 최고가 되기 위해 고군분투했던 직장 생활의 경험이 있다는 것.

 둘째, 멘토에게서 배운 성공 시스템을 꾸준히 실천했다는 것.

 셋째, 사람을 대할 때 진실한 마음으로 대한다는 것.

넷째, 불교를 통해 인격을 수양하고 서두르지 않고 천천히 자신의 길을 걸어갔다는 것.

　이영권 대표를 통해 1인 기업가에게 필요한 인격과 실력의 중요성을 다시 한 번 배울 수 있다. 다음은 그의 연구소 홈페이지에 있는 '진인사대천명'이라는 주제의 글이다. 1인 기업가를 꿈꾸는 사람이라면 반드시 가슴에 새겨야 할 말이라는 생각이 든다.

> "'진인사(眞人事)' 한 후에 '대천명(待天命)' 해야지, 처음부터 하늘만 믿고 열심히 노력하지 않는다면 성공할 확률은 뚝 떨어지게 될 것이다. (…) 인생을 살면서 진정으로 자기 자신이 '진인사'라는 말을 쓸 자격이 있는지를 살펴보는 성찰과 반성이 필요하다. 그렇지 않으면 실패를 하고도 늘 변명을 하는 낙오자로 남게 되기 때문이다.
> 잠자리에서 일어나서 잘 때까지 최선을 다하면서 하루를 보내고 있는가? 어떤 문제에 직면해 있을 때 최선을 다해서 해결하려고 했는가? 누구를 설득하려고 했을 때 진심으로 최선을 다해서 했는가? 많은 사람이 자신 있게 '그렇다'라고 답하기 어려울 것이다. 그렇다면 성공할 확률이 떨어지고 있다는 것을 본인 스스로가 알아야 한다."

:: **04** ::

답은
가까운 곳에 있다
: 김미경(아트스피치)

　우리나라는 지난 IMF로 많은 변화를 경험했다. 그 과정에서 강연은 단순히 스트레스 해소를 위한 순간의 즐거움에서 실용지식과 정보, 감동과 재미가 있는 콘텐츠로 관심을 돌리기 시작했다. 이들 가운데 남녀노소를 막론하고 대한민국에서 가장 인기 있는 강사로 손꼽히는 아트스피치 김미경 원장이 있다.

　'여자를 이야기하는 여자'라는 수식어를 가진 그녀가 내뱉는 말은 청중으로부터 공감 2백 배를 이끌어낸다. 가만히 듣고 있으면 나도 모르게 '그래, 맞아'라는 감탄사가 절로 나온다. 이것이 바로 국민 강사 김미경 원장의 '아트스피치'의 힘이다.

김미경 원장은 부모님에 대한 추억, 연세대 입학기와 대학 생활, 결혼 생활, 아이 키우기, 음악학원 운영, 강사라는 직업을 가진 계기 등 그녀가 경험한 진솔한 이야기를 바탕으로 강연을 진행한다.

그녀는 《김미경의 아트스피치》에서 에피소드에 대해 이렇게 말한다.

"나는 에피소드마다 격이 다르다는 걸 알게 됐다. 책 내용을 발췌해서 정리하는 것은 하급이다. 남의 경험 이야기는 중급이다. 친구에게 들은 이야기, 모임에서 들은 '카더라통신' 같은 에피소드 말이다. 내가 직접 경험하고 판단해 다듬은 에피소드는 상급이다."

그녀는 충북 증평에서 태어나 중학교 때까지 증평에서 자랐다. 여기서 '충북 증평군' 자체도 "나는 증평 모르는 사람이 제일 미워"라고 말할 정도로 청중에게는 재미있는 에피소드가 된다. 양장점을 하는 어머니와 초등학교 교사인 아버지에 대한 추억은 각별하다. 특히 가족의 생계를 위해 여장군처럼 행동하신 어머니를 보면서 가족에 대한 경제적 책임감과 생존을 위한 전략가적 모습을 배운다. 그러고 보면 그녀의 강의에서 빠질 수 없는 핵심 에피소드가 어머니다. 어머니에 관한 에피소드만 가지고도 모든 주제를 강연할 수 있을 정도로 어머니는 그녀에게 스토리의 원천이기도 하다.

아버지는 그녀가 다닌 초등학교 선생님으로 그녀를 매일 자전거로 태워다주었다. 이처럼 부녀지간에 애틋한 추억을 쌓으며 어린 시절을 보냈지만, 훗날 아버지의 사업실패로 가세가 서서히 기운다. 어떻게든 가족을 먹여 살리기 위해 궂은일을 마다치 않는 아버지를 보며 자식 사랑을 깨닫게 된다. 훗날 아버지는 그녀가 강연가의 길로 들어설 때 든든한 응원군이 되었다고 한다. 아버지 또한 많은 스토리를 제공하는 스토리의 원천이다.

김미경 원장은 고3 때 증평에서 서울로 가기 위해 부모님과 투쟁한다. 부모님은 경제적 여건상 고향과 가까운 청주에서 대학을 나와 음악 선생님이 되기를 바랐지만, 그녀는 넓은 서울로 가고 싶었기 때문이다. 그녀는 방문을 걸어 잠그고 나흘 동안 단식투쟁을 한 끝에 서울행을 허락받았다.

그 후 연세대학교 음대 진학을 목표로 그곳을 졸업한 사람을 수소문해 기본 교육을 받았다. 그리고 쟁쟁한 서울 경쟁자들을 이기기 위해 연습에 연습을 거듭했다. 그런 지독한 노력 끝에 당당히 연세대학교 음대 작곡과에 수석으로 합격하는 쾌거를 이루었다.

그녀는 어려서부터 음악적 소질이 남달랐기에 당연히 음악을 하면서 살게 될 줄 알았다. 그래서 졸업 후 가진 첫 직장도 광고회사였다. CM송 제작 파트에서 일하면서 나름대로 일에 대한 재미와 성취감도 느꼈다. 하지만 직장 생활은 2년 반 만에 접고 말았다.

그 이유를 이렇게 말했다.

"가장 큰 이유는 돈 때문이었죠. 스물여섯에 결혼했는데 제가 택한 남자가 굉장히 가난한 사람이었거든요. 당시 제 월급이 23만 원. 그렇게 벌어선 맞벌이를 해도 힘든 상황이었죠. 부유하지 않은 형편에 '나 하고 싶은 일'만 고집할 수 있나요? 회사를 그만두고 본격적인 돈벌이에 나서게 됐죠."

그녀는 '돈으로부터 자유로워지고 싶으면 돈을 벌면 된다'는 생각을 가졌다. 그래서 피아노학원을 차리고 본격적인 돈벌이에 나섰다. 그녀의 특출난 사업 수완과 열정으로 개원 1년 6개월 만에 원생 200명을 모집하며 승승장구했다. 원생은 하루가 다르게 늘어갔다. 그 덕에 짧은 시간에 경제적인 자유를 누릴 수 있었다. 하지만 시간이 지날수록 허무함이 밀려왔다. 그 일이 죽기보다 싫었기 때문이다. 학원 일에서 아무런 재미를 느낄 수 없었던 것이다.

그러던 중 학원연합회에서 학원의 성공 비결에 대한 강의를 요청받았다. 거기서 학원 성공 사례를 일반인에게 강의하며 강사로서 첫발을 내디뎠다. 무려 세 시간 가까이 강의를 진행했다. 강의를 마친 그날 저녁 그녀는 학원을 운영할 때 느껴보지 못했던 희열에 휩싸였다.

그때부터 그녀는 성취감도 느낄 수 있으면서 돈벌이도 되는 일에 대해 고민하게 된다. 그런데 문득 '산업 강사'라는 직업이 생각났다. 회사 다닐 때 강의를 듣고는 '아! 저런 직업도 다 있구나' 하고 신기해했던 기억이 불현듯 떠오른 것이다. 왠지 자신이 하면 굉장히 잘할 수 있겠다는 생각이 들었다. 그래서 과감히 진로를 수정했다.

그녀는 평소 자기 분야에서 최고가 되려면 자신에 대한 투자를 아끼지 말아야 한다는 신념을 가지고 있었다. 더군다나 그녀처럼 밑바닥부터 다시 시작하는 경우라면? 누구보다 몇 배 치열하게 자기계발을 해나가야 한다고 결심했다. 그때부터 그녀는 과감히 학원 문을 닫고 자기계발에 집중했다.

이후 김미경은 증권회사, 은행 등 다양한 회사에서 강의를 했다. 물론 지금은 수천 명의 청중을 들었다 놓았다 할 정도로 말발을 자랑하지만 과거 강사 활동 초반에는 숱한 어려움을 겪어야 했다.

"직장 생활도 안 해본 여자가 강의한단 소리를 지금도 듣고 초반에도 많이 들었다. 강의하는 동안 내가 점점 작아져 먼지가 되는 느낌이었다."

그러나 당시 우리나라에는 1인 기업가로 활동하는 이들이 없기도 했고, 몇몇 강연가 역시 체계적이지 못했다. 그저 두서없이 강사 활동을 하는 상황이었다. 그녀는 먼저 중앙대학교 산업대학원 산업 전문지도자 과정에 들어가 차근차근 강연가의 길을 준비했다. 한 시간을 강연하기 위해 몇 주씩 강연 콘텐츠를 고민하고 연습했다. 그런 노력은 그녀를 배신하지 않았다. 강연을 할 때마다 청중의 열띤 반응으로 돌아온 것이다.

김미경은 1998년에 저서 《나는 IMF가 좋다》를 펴냈다. 이 책이 IMF라는 시대 상황에 맞물려 베스트셀러에 오르면서 그녀의 이름이 세상에 알려졌다. 그렇다고 곧바로 성공가도를 달린 것은 아니었다. 지금의 위치에 오르기 위해 보통 사람들은 상상도 못 할 노력을 쏟았다. 무려 7년 동안 하루 네 시간씩만 자면서 자기계발에 몰두했다. 먼저 자신을 알리고자 교육 담당자에게 적극적으로 홍보 메일을 보내고, 생산직 직원들에게 강연할 때는 공장에서 직접 함께 작업하면서 공감을 얻었다.

이 외에도 똑같은 강의를 천천히 또는 빠르게 등 다양한 방법으로 20번 이상 연습하면서 청중으로부터 공감 2백 배를 이끌어내는 스피치 능력을 가지게 되었다. 특히 '빨대부장' 시리즈로 남자 직장인들을 사로잡아 남녀노소를 막론한 대표 1인 기업가가 되었다.

그녀가 세상에 자신의 이름을 알릴 수 있었던 계기는 MBC 〈희망특강 파랑새〉, KBS 〈생방송 오늘〉과 〈아침마당〉에 출연하면서부터다. 이 프로그램들에 출연하면서 타고난 음악적 감각과 스피치 능력을 살려 국민 강사로 확실하게 자리매김하게 되었다. 그 후 그녀는 아트스피치를 설립하고, 《가족이 힘을 합하면 무엇이든 이룰 수 있다》, 《아트스피치》, 《꿈이 있는 아내는 늙지 않는다》 등을 펴내며 대한민국 최고의 몸값을 자랑하는 강사가 되었다. 전문 방송인이 아닌 강사로서 TV 강연 프로그램 〈김미경 쇼〉의 진행자로 활동하기도 했다.

그녀에게는 일상 생활 모든 경험이 강연의 주제이자 에피소드가 된다. 주제와 에피소드를 멀리서 찾지 않고, 오히려 가까운 곳에서 찾는다. 그래서 그녀의 강연에는 어려운 이론이나 권위자의 말이 등장하지 않는다. 그저 직접 경험하고 느낀 사례들만 가지고도 청중을 웃기고 울린다. 이것이 바로 김미경의 말에 환호하고 열광하는 이유다.

그녀는 1인 기업가가 되고 싶어하는 사람에게 다음과 같이 조언한다.

"총 20번에 가까운 연습을 하고 무대에 올라가야 단돈 1만 원이라도 받을 자격이 생긴다. 그게 바로 프로의식이다."

"현직에 있을 때부터 1년에 5~6차례 정도 도전해보라. 콘텐츠 개발은 물론 자신이 몸담은 회사도 품격 있게 홍보하는 좋은 기회가 될 것이다."

지금의 김미경 원장을 만든 것은 그저 운이 아니다. 스스로 재미와 성취감을 느낄 수 있는 일을 선택하고 그 분야에서 최고가 되기 위해 쏟아 부은 치열한 노력 덕분이다.

나는 그녀의 성공 스토리를 통해 한 가지 진리를 찾을 수 있었다. 사회 생활에서 성공하려면 자신에 대한 투자를 아끼지 말아야 한다는 것과 밑바닥부터 다시 시작하는 경우에는 더더욱 치열하게 자기계발을 해나가지 않으면 성공하기 어렵다는 것이다.

삶을 걸면
진짜를 맛볼 수 있다

: 김창옥(김창옥퍼포먼스트레이닝연구소)

'나는 어떤 일을 할 때 가장 즐겁고 행복할까?

'난 왜 이럴까? 나는 잘하는 일보다 못하는 일이 더 많아.'

나 자신에 대해 잘 알고 있다고 자신 있게 말할 수 있는 사람은 드물다. 수십 년간 수양하는 스님들도 '나는 누구인가?'라는 물음에 대한 답을 제대로 못 할 정도이니 우리 같은 보통 사람들은 어쩌면 죽었다 깨어나도 알기 어려울지 모른다.

그러나 인생의 가능성이 나에게서 나온다는 것을 고려하면 자기 자신에 대해 제대로 아는 것은 무엇보다 중요하다. 그래서 성공한 사람들은 주기적으로 조용한 곳에서 사색하면서 자신을 만난다.

국내 최초 보이스 컨설턴트로 활동 중인 김창옥퍼포먼스트레이닝연구소 김창옥 대표가 있다. KBS 〈아침마당〉, CBS 〈김창옥의 만사형통〉, EBS 〈대한민국 성공시대〉 등 여러 매체에 출연해 특유의 유머와 퍼포먼스를 가미한 자기 고백적 스토리텔링 강연으로 큰 인기를 얻은 인물이다. 그는 '나'를 중심으로 세상과 소통하는 문제로 강연과 저술을 하는 1인 기업을 운영하고 있다.

그는 스스로를 보이스 컨설턴트이자 소통에 대한 코칭을 하는 사람이며, '나'로 영업하는 사람이라고 말한다. 뚜렷한 이목구비와 보이스 컨설턴트다운 멋진 목소리를 지녔는데, 어딘가 모르게 느끼한 헤어스타일과 밝은 원색 옷차림을 고수해 등장할 때부터 남다르다.

그는 자신의 외모로 강의를 시작한다.

"여러분, 나는 교수입니다. 그렇게 안 보이죠? 저도 그래요. (웃음) 한 기업에서 '내가 뭐 하는 사람 같아요?' 하고 물어보니 '미용실 원장이요' 그러더라고요. 여러분은 강의 들으러 온 것이 아니라 미용실에 머리 하러 왔다고 생각하면 돼요."

특이한 외모와 유머로 강의 시작 1분도 지나지 않아 청중을 사로잡는다. 퍼포먼스 트레이닝 코치답게 청중을 위해 퍼포먼스를 하는 것이다. 하지만 단순히 웃음만 주는 가벼운 강연이 아니라 웃음 속에서 교훈을 발견하고 '나'를 소통하게 하는 지혜의 실마리를 찾게 해준다.

최근 김창옥 대표가 쓴 《나는 당신을 봅니다》를 감명 깊게 읽었다. 내용 가운데 청중과 공감을 불러일으키는 좋은 강연에 관한 그만의 기준이 제시되어 있었다.

"훌륭한 강의를 결정짓는 기준은 말을 얼마나 잘하느냐가 아니라 얼마나 많은 사람의 마음을 움직였느냐이다."

많은 사람이 그의 강의를 듣다 보면 웃으면서 마음이 치유되고, 나를 용서하고 사랑하는 소통의 방법을 배우게 된다고 말한다. 특히 어린 시절 '불통(不通)'을 하면서 살았던 그의 과거 이야기에 청중은 웃다가 곧 눈물을 짓기도 한다.

제주도에서 태어난 그는 어린 시절 아버지의 월급날이 공포였다고 토로한다. 월급을 다 탕진한 아버지가 어머니와 한바탕 전쟁을 치르는데, 그 후로 전쟁이 매번 반복되는 일상이 되었기 때문이다. 오히려 조용한 일상이 폭풍 전야처럼 두려웠단다. 특히 청각장애를 가진 아버지를 보여주기 싫어 친구들이 놀러 오는 것을 꺼렸던 그는 학창 시절 일부러 더 밝은 척, 씩씩한 척하며 살았다고 한다. 그는 자신을 완벽하게 꾸미고 싶다는 강박감에 싸여 어린 시절을 보냈다.

취업을 일찍 하고 싶어 공고 전자과에 입학한다. 고등학교 1학년

때 영화 〈미션〉에서 흘러나오는 음악을 들으면서 음악이 사람에게
얼마나 큰 감동을 주는지 느낀다. 음악을 배우고 싶다는 갈망이 생
겼지만, 음악보다 납땜을 배우며 고등학교 시절을 마무리한다. 이
후 두 번의 대학입시 실패로 도피하다시피 해병대에 입대한다.

전역하기 직전 미래에 대한 고민으로 상상 속에서 50대가 된 자
신과의 대화를 시작한다.

'진정 네가 원하는 일을 하면서 살았니?'

'아니, 내가 원하는 것은 이런 게 아니었어. 그런데 환경이 받쳐
주질 않더군. 어쨌든 나는 열심히 노력했고 성공했어. 이것이 비록
내가 꿈꾸던 삶은 아니었지만…'

'노력하고 성공했다? 그거 핑계 아냐? 그래, 넌 열심히 살았지.
하지만 치졸하게 살았어. 열심히 살았다는 것과 네 삶을 살았다는
것은 다른 거야.'

20대 초반의 김창옥과 50대 김창옥이 상상 속에서 대화를 주고
받는 동안 고등학교 1학년 때 가졌던 음악에 대한 갈망이 되살아
났다. 그래서 비교적 레슨비가 저렴한 음악과 졸업생에게 부탁해
서 성악의 기초를 공부했다. 여건은 성악을 배우는 것이 사치로 느
껴질 만큼 어려웠지만, 꿈을 위해 독한 마음으로 공부한 덕분에 5
개월 만에 경희대학교 성악과에 입학하는 기쁨을 맛보았다.

일단 입학은 했지만 경제적인 어려움은 여전해서 학업보다는 아르바이트가 주된 생활을 해야 했다. 아르바이트를 하느라 체력이 떨어지고 성악 실력은 늘지 않자 운명을 비관하기 시작했다. 그러던 어느 날 교수님으로부터 "사람은 사는 것처럼 노래하고, 노래하는 것처럼 살아야 하는 법"이라는 말을 들었다. 그 말을 듣는 순간 자신이 왜 이렇게 허덕이며 살고 있는지 비로소 깨닫기 시작했다. 바로 남들 기준에 따라 살았기 때문이다. 그런 속에서는 자신의 목소리를 낼 수 없다.

그때부터 그는 진정한 자신의 목소리를 찾기 위해 노력하면서 자기혁명을 시작했다. 자신과의 소통으로 일어난 긍정적 변화를 남들에게 전하고 싶다는 마음에 미래의 진로를 강연가로 정했다.

그러나 무명의 그를 불러주는 곳은 아무 데도 없었다. 고민 끝에 무작정 근처 스피치학원을 찾아가 강의 자리를 부탁했다. 스피치학원 원장은 모험한다는 생각으로 세 시간 강의 중 딱 30분 강의를 허락했다. 그런데 그 첫 강의에서 청중의 반향을 불러일으키는 데 성공했다. 나이는 20대 후반이지만 굴곡 있는 자신의 인생 이야기를, 그것도 성악을 전공한 멋진 목소리로 들려주자 청중은 감동했다. 원장이 강의 연장을 요청했고 그렇게 그는 강연가로 멋지게 출발했다.

무작정 찾아간 스피치학원에서 이후 정식 강사가 되어 1인 기업가로서 기초를 다진다. 하지만 어린 시절부터 가졌던 잘해야 한다는 강박증 때문에 자신을 혹사하는 바람에 강의가 뜻대로 풀리지 않는 날이 많았다. 경력이 쌓이면서 그는 청각장애인이신 아버지, 글을 모르는 어머니, 불운했던 어린 시절의 이야기를 들려주는 자기공개식 강의 방식을 다듬어갔다. 그러면서 그는 자신을 돌아보게 되고 스스로를 인정하게 된다. 자신을 인정한 경험을 바탕으로 유머와 치유라는 주제를 소통으로 연결했다. 그 결과 지금은 강연으로만 50만 명이 넘는 사람을 만나고, KBS 〈아침마당〉 출연을 시작으로 기업과 단체, 대학, 방송 등에서 앞다퉈 모셔가는 1인 기업가가 되었다.

김창옥 대표의 핵심 상품은 목소리다. 대부분의 보이스 컨설턴트는 호흡법, 발음발성에 집중하면서 멋진 목소리와 정확한 발음을 중점적으로 가르친다. 하지만 그는 소통, 즉 자신을 먼저 이해하고 사랑하면 진정한 목소리를 낼 수 있고, 목소리를 바꾸면 운명을 바꿀 수 있다며 '나'를 직시하게 해준다. 그를 만난 교육생들은 처음에는 자기 목소리를 어색해하며 사람들 앞에서 말하는 것에 대한 불안과 두려움을 느끼지만, 차츰 마음의 문을 열고 자신감 있는 목소리를 찾게 된다. 그의 교육은 멋진 목소리보다는 진정성이 담겨 울림을 주는 목소리를 내주도록 길을 안내하는 데 중점을 두고 있다.

그의 교육이 특이한 것은 말을 하기 전에 침묵을 이야기하기 때문이다. '나'와의 소통을 강조하는 사람답게 그는 바쁜 시간을 쪼개 프랑스 수도원에서 2주간의 침묵 수양을 하기도 했다. 미국의 심리학 교수 헨리 나우엔의 '말의 힘은 지식과 침묵에서 나온다'는 구절을 생각하면서 수도원으로 향한 것이다. 물론 처음에는 그 역시 답답했지만, 차츰 적응해가면서 '넌 소중한 사람이야'라는 내면의 소리에 귀 기울이며 자존감을 회복할 수 있었다.

그는 프랑스 수도원에서의 경험을 《소통형 인간》에 많은 지면을 할애해 소개했다. 말을 많이 하는 직업이지만 침묵에서 많은 걸 배운다고 했다.

김창옥 대표는 성악과 먼 삶을 살았지만, 자신이 가장 잘하는 일을 하면서 행복한 인생을 살기 위해 끊임없이 도전했다. 물론 그 과정에서 숱한 시련과 역경에 부딪혔지만 그때마다 자신과의 소통으로 후회 없는 길을 갈 수 있었다. 자신과 단절하는 삶을 산다고 느끼는 순간이면 소통을 위해 자신을 바라보는 도전을 했다. 그는 행동하는 실천가다.

원하는 인생을 살기를 바라면서도 도전을 두려워하는 사람에게 그는 이런 메시지를 던진다.

"세상에서 가장 불행한 사람은 무엇에 내 삶을 걸어야 하는지 모르는 사람이 아니다. 자기 심장이 뛰는 것이 무엇인지 알면서도 그 것에 삶을 걸지 않는 사람이다. 삶의 주사위를 만지작거리기만 하면서 던지지는 않고 계속 판만 보는 사람이다. (…) 삶의 진짜 맛은 자기 삶을 걸고 현역으로 살아갈 때 맛볼 수 있기 때문이다."

그는 현재 저술 활동과 칼럼 기고, 코칭 등으로 가슴 뛰는 인생을 살고 있다. 그는 "쉼표 없이 계속 달리는 것은 음악이 아니라 소음이다"라 말할 정도로 즐기면서 일하는, 그야말로 행복한 1인 기업가다.

김창옥 대표의 성공 스토리를 보면 사람은 누구나 가능성을 가지고 있다는 것을 깨달을 수 있다. 다만 그 가능성을 찾기 위해 계속 도전하느냐 아니면 포기하느냐에 따라 기회의 문이 열리거나 닫히는 것이다.

가정폭력에 시달리던 섬 소년이 스타 강사로 변신하기까지의 스토리는 남의 이야기가 아니다. 어쩌면 당신의 이야기일지 모른다. 김 대표가 척박한 환경에서 자신의 꽃을 피워냈듯이 당신도 지금 서 있는 곳에서 당신만의 꽃을 피워내야 한다. 그가 했다면 분명 당신도 해낼 수 있다.

철들지 않아야
꿈을 꾼다

: 권동희(드림자기계발연구소)

"넌 언제나 철이 들래?"

"넌 나이를 먹어도 어떻게 바뀐 게 없니?"

"제발 철 좀 들어라!"

사람들은 성숙하지 못한 행동을 할 때 이렇게 말한다. 나는 '철'
이 무엇일까 하고 고민한 적이 있다. 그래서 사전에서 그 뜻을 찾
아보았다. 철이 없다는 건 '계절(season)을 모른다'는 뜻이다. 그러
니 봄에는 씨앗을 뿌리고 여름에는 잡초를 뽑고 가을에는 거둬들
이는 등 계절별로 할 일이 있듯, 나이가 차면 나이에 맞게 해야 할
행동이 있다는 얘기다.

그러나 크게 성공한 사람들을 보면 철이 없다. 버진 그룹의 리처드 브랜슨, 애플의 창업자 고 스티브 잡스, 마이크로소프트 창업자 빌 게이츠, 페이스북 창업자 마크 주커버그…. 이들은 학교를 중퇴하거나 남들이 부러워하는 일류 대학을 그만두고서 기업을 만들었다. 그리하여 결국 세계적인 기업으로 키웠다.

현대 그룹 창업주 정주영 회장은 어떤가? 자동차 수리 대금을 받으러 관청에 갔다가 그 돈의 열 배 이상 받는 건설업자를 보고, 경험이 전무한 건설업에 뛰어들었다. 분명히 철없는 행동이라 할 수 있다. 그렇지만 그는 마침내 세계가 알아주는 현대건설을 만들었다.

이런 유명인들 외에 우리 주위에도 자신의 꿈을 향해 철없이 행동하는 사람이 많다. 그 가운데 서른 살의 나이에 '권동희드림자기계발연구소'를 차려 저술과 강연, 코칭을 하는 1인 기업가 권동희 대표가 있다.

그는 20대 이력부터 남다르다. 보통 사람은 대학-유학-취업 순으로 가지만, 그녀는 취업부터 시작해 유학과 대학 과정으로 건너갔다. 그리고 30대 초반에 1인 기업 창업을 선택했다. 거꾸로 시작한 스토리와 운명을 바꾸기 위해 치열하게 자기계발을 했던 경험이 그녀의 핵심 동력이다.

그녀의 책 《당신은 드림워커입니까》를 보면 20대 때의 스토리가 나온다. 부산에서 태어난 그녀는 한 가지에 빠져들면 앞뒤 가리지 않는 성격이었다. 대표적인 예로 중학교 때 인기 아이돌 그룹 젝스키스 공연을 가장 앞자리에서 보기 위해 새벽같이 일어나 집 안을 휘저은 일을 들 수 있다. 스타 사진을 모을 때도 남에게 뒤질세라 몇백 장을 사들일 정도였다.

그녀는 경제적 자유를 일찍 누리고 싶어 취업이 빠른 상업고등학교에 입학한다. 이 시기 안타깝게도 아버지가 돌아가신다. 어려운 시기였지만 긍정적인 성격과 밝은 모습으로 도리어 주변 친구들의 고민 상담을 도맡을 만큼 내면이 성숙한 시기이기도 했다.

그리고 졸업과 동시에 해운회사에 취직한다. 가난을 벗어나고 싶다는 생각이 강해 일도 잘했고 그래서 승진도 빨랐지만, 마음 한구석에는 늘 허전함이 있었다. 꿈꾸는 인생을 사는 것이 아니라 단지 가난에서 탈출하는 것이 목표라는 사실에 허전함이 더해갔다. 그렇게 그녀의 20대 초반이 저물어가고 있었다.

그러던 어느 날 우연히 책을 보다가 '나는 왜 과거에 더 큰 꿈을 꾸지 못했던 걸까?'라는 생각이 스쳤다. 며칠 동안 이 질문에 대한 답을 찾는 과정에서 다음 세 가지 꿈을 노트에 적었다.

첫째, 베스트셀러 작가가 되어 대형 서점에서 사인회를 여는 것.
둘째, 프레젠터가 되어 내가 가진 지식과 경험을 수천 명의 청중에게 들려주는 것.

셋째, TV에 출연하여 강연하는 것.

그리고 7년 후인 현재 세 가지 꿈을 모두 이뤘으며, 남들이 부러워하는 1인 기업가로 가슴 뛰는 인생을 살고 있다.

그녀는 회사에 근무할 때 월급을 타면 적금을 제외한 전부를 자기계발에 투자했다. 특히 해운회사에 일하던 때 외국인과 자유롭게 이야기하는 직원을 보고 영어를 잘하고 싶다는 갈망이 일어났다. 그래서 새벽에는 영어학원에 다니고 저녁에는 집 근처 도서관에서 공부에 매달렸다. 자기계발이 몸에 익숙해질 즈음 우연히 호주 어학연수인 '워킹 할리데이' 광고를 보게 되었다. 그때부터 현지인들과 생활하며 영어를 배우겠다는 목표를 가졌다.

당시에도 여전히 힘든 형편이었지만 나중으로 미루기보다 '당장' 유학을 떠나기로 결심한다. 직장생활 5년 차, 애써 차지한 과장이라는 직책을 버리고 돌연 사표를 낸다. 그리고 호주 유학 이전에 필리핀 어학연수를 택한다. 종로에 있는 영어학원에 다니고 있었지만 아직 부족한 영어 실력과 안정된 직장을 그만두고 불확실한 유학을 가는 것에 대해 주변의 반대가 심했다. 다른 사람 눈에는 이것이 철없는 행동으로 비쳤겠지만, 그녀는 자신의 가슴이 무엇을 원하는지 알고 있었다.

"나에게는 나의 인생이 있고 그들에게는 그들만의 인생이 있다"

라고 말하는 그녀는 시련과 역경이 닥치거나 좌절할 때 자기계발서와 성공자의 스토리를 읽으며 부정적인 사고를 긍정적인 사고로 전환했다. 남들보다 늦게 시작한 필리핀 어학연수였지만, 자신을 채찍질하며 더욱 열심히 공부해 마친다. 그리고 호주 현지인들과 함께 생활하며 돈을 버는 프로그램으로 호주 유학을 떠난다.

보통 '워킹 할리데이'에 참가하는 사람은 영어, 여행, 돈 세 가지 모두 가지려고 한다. 그렇지만 그녀는 유학의 본래 목적인 영어 공부에만 집중한다. 피붙이 하나 없는 호주에서 살아남기 위해서는 오롯이 영어에만 집중할 수밖에 없었다. 그래서 생존을 위해 영어 공부 원칙을 정한다. 영어 실력 향상을 위해 외국인하고만 어울린다는 것과 외국인을 만날 수 있는 일이라면 닥치는 대로 한다는 것이다.

그 후 라벨 부착 작업, 호스텔 리셉셔니스트, 현지인 아이 돌보미 등 오직 외국인만 있는 곳에서 일한다. 1년 반 동안 몸은 고단했지만 영어 실력은 일취월장했다. 유학 막바지에는 패션 잡지 〈ELLE〉의 '성공한 워킹 할리데이 호주 편'에 실리기도 했다. 이 유학 경험을 통해 그녀는 꿈을 실현하기 위해 절박하게 노력하면 반드시 이루어진다는 것을 실감했다. 그 실제 증거이기도 한 그녀는 강연에서 종종 "유학은 돈이 아니라 절박감이다"라고 말한다.

그녀는 귀국 후에도 자기계발을 멈추지 않는다. 직장을 다니면서 새벽 한 시에 취침해 새벽 다섯 시에 일어났다. 유학을 떠나기 전 자신의 스토리를 들려주고 싶다는 절박한 꿈이 있었기에 네 시간 수면도 가능했다. 학사 학위를 취득하기 위해 학점은행제 공부와 영어 공부를 쉬지 않았으며 자기계발서를 꾸준히 읽었다.

학점은행제가 마무리되면서 새벽반 영어학원을 같이 다니던 사람을 위해 스터디 그룹을 만든다. 물론 그녀가 멘토였다. 시간이 흐르자 스터디 그룹을 뛰어넘어 '꿈을 실천하는 모임(꿈실모)'으로 커졌다. 꿈꾸는 사람들을 위해 멘토링을 하고, 서로의 꿈을 응원하고 조언해주며, 새벽에 일어날 수 있도록 격려하는 모임으로 확대된 것이다. 그녀는 재능을 나눠줌으로써 1인 기업의 가능성을 찾는다.

그 후 그녀는 유학 경험을 담은 《당신은 드림워커입니까》를 출간하면서 세상에 이름을 알리기 시작했다. 현재 드림자기계발연구소 대표로 자신이 진정으로 원하는 1인 저술과 강연, 코칭 일을 하면서 사람들에게 꿈과 비전을 찾아주고 이를 보다 빨리 실현하도록 돕고 있다.

그녀는 1인 기업을 꿈꾸는 사람들에게 다음과 같이 조언한다.

첫째, 철들지 않아야 즐겁다

즐기는 사람은 누구도 이길 수 없다. 철이 들면 현실을 직시하고 자신의 한계를 규정한다. 또 사고가 정형화되고 고착화된다. 철이 들면 딱 그만큼만 성장하는 것이다. 철들지 않아야 가능성이 커지고 일을 즐기게 된다.

둘째, 같은 꿈을 가진 사람을 만나라

유학을 가기 전부터 그녀를 응원해주는 사람은 없었다. 심지어 영어 공부에 실패한 유학생을 데리고 와 유학을 만류한 친구도 있을 만큼 부정적인 사람들이 많았다. 그뿐이 아니다. 유학을 가서도 꿈을 부정하는 사람들이 있었다. 그때부터 같은 꿈을 가진 사람을 만나기로 다짐했다. 그렇게 자기 꿈을 이해해주는 외국인만 만나고, 귀국해서도 자기 꿈을 응원해주는 사람을 만나면서 30대 초반에 1인 기업을 차릴 원동력을 얻는다.

셋째, No. 1이 아닌 Only 1이 되라

No.1을 추구하면 평소 하고 싶었던 일도 경쟁의식이 생겨 즐기는 마음보다 이겨야 한다는 부담으로 변할 수 있다. 또 나만의 색깔이나 개성을 죽인 채 남들을 따라 하게 된다. 그러니 Only 1이 돼서 내가 잘하고 좋아하는 부분에 집중해라. 그러면 언젠가는 누군가의 꿈이 될 수 있을 것이다.

권동희 대표는 유학이 일상화된 사회에서 영어만큼은 제대로 배워야겠다는 확고한 목표의식으로 그녀만의 특별한 유학을 다녀왔다. 또 '꿈을 실천하는 모임'을 이끌면서 1인 기업가로서의 콘텐츠를 만들어 그 가능성을 검증받았다. 평소 지독하리만치 철저한 자기경영으로 1인 기업가로서의 준비를 마쳤다.

이런 생각을 해본다. 만약 그녀가 20대 초반에 보통 사람들처럼 철이 들었더라면 지금 그녀의 인생은 어떤 색과 모양일까? 분명 지금처럼 눈부신 인생을 살아가진 못할 것이다. 여전히 해운회사에서 일하고 있지 않을까. 그것이 나쁘다는 것은 아니지만 인생의 다채로운 경험은 하기 어려웠을 것이다.

서른한 살에 대표적 1인 기업가로 눈부신 인생을 살고 있는 권동희 대표의 말이 가슴에 꽂힌다.

"예측할 수 없기에 인생을 내가 꿈꾸는 대로 만들어갈 수 있다. 미래는 지금 저지르는 만큼 달라진다. 나는 머리가 아닌 가슴이 시키는 대로 저지르고 보는 어른 아이인, 철들지 않은 인생이 즐겁다."

:: **07** ::

노는 만큼
성공한다

: 김정운(여러가지문제연구소)

"아는 자는 좋아하는 자를 이기지 못하고, 좋아하는 자는 즐기는 자를 이기지 못한다." 2,500년 전 공자가 한 말이다. 대한민국은 온통 일벌레들, 즉 워커홀릭들밖에 없다. 이 와중에 국민들에게 "노는 만큼 성공한다"고 외치는 사람이 있다. 문화심리학자, 지식 에듀테이너, 휴테크 전도사로 활동 중인 여러가지문제연구소 김정운 소장이다. 그는 우리나라의 진짜 문제는 경제가 아니라 잘 놀지 못하는 것에 있다고 주장한다.

"놀이와 창의력은 동의어다. 그러니 놀아야 성공한다. 한국의 진짜 문제는 놀지 못하는 문화에 있다."

삶의 재미가 없는 집단 심리학적 질병, 즉 '놀면 불안해지는 병'이 진짜 문제라는 것이다. 그래서인지 직장인들은 대개 회식을 하면 1차에서 그치지 않고 2차, 3차를 외쳐댄다. 게다가 접대를 하면 관례처럼 폭탄주, 룸살롱, 노래방이 빠지지 않는다.

김 소장은 "한국인 내면의 심리구조 밑바닥에는 행복과 재미에 대한 이중적 태도가 깔려 있다"고 말한다. 그러한 천박한 놀이, 여가 문화가 결국 개인과 국가의 발목을 잡는다는 것이다.

김 소장은 특이한 헤어스타일과 주장이 명확한 강연 콘셉트, 그리고 문화심리학자다운 전문지식, 적극적인 미디어 출연으로 대한민국에 여가 문화를 전파하고 있다. 존재가 의식을 결정하는 것이 아니라 문화가 의식을 결정한다는 그의 생각은 일에 빠져 사는 국민들의 생각마저 변화시키고 있다. 놀지 못하고, 놀면 죄짓는 것처럼 생각하는 우리나라에서 '놀이'를 주장하는 건 화성인 취급을 받을 일이지만 그는 1인 기업가답게 자신의 철학과 주관을 그대로 밀고 나간다.

지금은 대한민국에서 '김정운'이라는 이름과 함께 '놀이', '여가'라는 강연 콘셉트가 잘 알려져 있지만 과거에는 그렇지 않았다. 그의 주변에선 '한가한 소리 하고 있다'는 식의 부정적인 목소리가 많았다. '경제가 어려운데 놀아야 한다는 게 무슨 얘기냐'는 사람들에게 그는 이렇게 반문한다.

"그동안 우리 경제가 어렵지 않은 적이 있었던가요?"

그러면서 그는 왜 잘 놀아야 하고 여가 문화를 개선해야 하는지에 대해 역설한다.

"심리학적으로 창의력과 재미는 동의어입니다. 제대로 놀 줄 모르면 삶은 재미없고 나와 다른 것에 대한 관용이 없어집니다. 그런 사람은 창의적이 될 수 없습니다."

김 소장의 말에 반박할 사람은 없을 것이다. 전적으로 옳은 말 아닌가. 지금 많은 중년이 사는 게 재미없다, 허무하다, 공허하다, 외롭다고 토로한다. 그동안 여가를 즐기지 못한 채 일에만 파묻혀 살았기 때문이다. 그렇다 보니 혼자서 노는 방법을 알지 못한다.

남자들 대부분은 마흔 고개를 넘어서면서 가정과 직장에서의 역할이 줄어든다. 이빨 빠진 호랑이가 되는 것이다. 외로운 만큼 혼자서 지낼 수 있어야 하는데 혼자서 시간을 보낼 수 없는 탓에 마흔앓이를 하게 된다. 그래서 많은 중년 남자가 내 이야기에 귀를 기울여주는 접대부가 있는 단란한 술집을 찾게 된다. 술집을 찾는 것은 그들이 고독하고 외롭기 때문이며, 고독하고 외로운 것은 혼자서 제대로 즐기지 못하기 때문이다.

그래서일까. 김정운 소장의 강의를 듣거나 책을 읽고 있으면 단순히 노래방과 폭탄주만 있는 놀이가 아니라 제대로 된, 창의를 위한 놀이를 하고 싶어진다. 그동안 잊고 살았던 꿈을 떠올려보게 되고 취미생활을 가지고 싶은 욕구가 생겨난다.

"새로운 개념을 만든 것은 새로운 발명과 같다"라고 말하는 그는 놀이의 개념을 새롭게 정의한다. 그가 말하는 놀이는 다섯 가지로 정의할 수 있다.

첫째, 비실제적이다.

둘째, 내적 동기를 우선으로 한다.

셋째, 목표보단 과정을 즐기는 거다.

넷째, 선택에 자유를 보장한다.

다섯째, 즐거움이다.

그가 말하는 놀이의 장점은 명쾌하다. 그는 기존 관념과 다른 자신의 주장을 펴기 위해 1인 기업가답게 다양한 곳에 스스로를 노출시킨다. 먼저 《나는 아내와의 결혼을 후회한다》,《남자의 물건》,《노는 만큼 성공한다》 등의 도발적이면서 시선을 끄는 제목의 책을 펴내는가 하면, KBS 〈명작 스캔들〉, 〈두 남자의 수상한 쇼〉 등에 출연했다. 현재 여러 기업체와 관공서, 대학 등에서 놀이, 여가 문화, 일과 삶의 조화에 대해 다양한 문화심리학적 지식을 바탕으로 강연 활동을 펼치고 있다.

김 소장은 이름도 재미있는 여러가지문제연구소를 운영하면서 여러 잡지에 칼럼을 기고하며 자신의 지식과 경험, 철학을 세상에 알렸다. 명지대학교 교수로 재직하던 그는 저서 《나는 아내와의 결혼을 후회한다》,《남자의 물건》의 성공으로 확실한 네임 브랜딩이 이뤄지자 교수직을 내려놓았다. 남은 인생을 축제처럼 살기 위해서다. 그는 현재 저술과 강연, 칼럼 기고를 놀이처럼 하면서 누구보다 신 나고 즐거운 삶을 만끽하고 있다.

나는 김정운 교수가 어떤 계기로 국민들에게 "놀자"고 외치는 문화심리학자가 되었는지 궁금했다. 그래서 그의 지나온 발자취를 살펴봤다.

고려대학교에 심리학과에 입학한 그는 1학년 때 시위대의 가장 앞자리에 섰다가 붙잡힌다. 시위 중 연행되면 강제로 군대로 보내던 군사정권의 '녹화사업'에 걸려 다음 날 입대를 하게 된다. 힘든 이등병 생활에 지쳐 자살을 생각하기도 한다. 영원할 것 같은 잔인한 군사정권과 시위 때문에 강제 입대를 당한 경력 그리고 남은 28개월의 군 생활을 어떻게 버티나 하는 생각 등으로 삶의 회의감이 든 것이다.

추운 겨울 경계근무를 서던 어느 날, 마침 그를 괴롭히던 선임도 없었다. 총구를 목에다 갖다 댔는데, 순간 소스라치게 놀랐다. 차가운 총구가 그의 목에 달라붙으면서 소름이 확 끼친 것이다. 그리고 '아, 이렇게 죽는 거구나!' 생각하며 삶을 단순하게 생각하자고 다짐하게 되었다.

그 후 남은 28개월간 군 생활은 단순함의 연속이었다. 틈만 나면 자고, 먹을 것이 있으면 먹고, 다른 동기들처럼 후임들을 괴롭히기도 했다. 병장이 되어도 단순한 그의 삶을 보면서 후임들은 대학다니다 온 사람이 맞나 의심하곤 했다.

그는 전역 후 대학을 졸업한다. 그리고 비판심리학을 배우기 위해 독일 베를린자유대학교로 유학을 떠난다. 유학 중 처절한 외로움의 막바지에서 자신과의 만남을 또 한 번 경험한다. 아무 연고도 없는 베를린의 생활은 적막함 그 자체였다. 한국에 있을 때는 모든 모임의 주인공이 되고자 했고, 주요 인물이 되지 못하면 못 견뎌하던 그였지만, 독일에는 자신을 알아주는 사람이 아무도 없었다. 오후 세 시면 깜깜해진 길을 자전거로 달려 기숙사에 도착한다. 그리고 프라이팬에 하루는 카레밥, 하루는 짜장밥을 데워 먹고 책을 100페이지가량 읽고 다음 날 학교에 가는 생활을 반복했다. 일요일이면 한국에선 당연히 문을 여는 도서관도 독일에선 문을 닫았다. 사서들도 놀기 위해서다. 도서관마저 갈 수 없게 되자 외로움이 밀려오는데다가 자주 탈이 났다.

어느 날부턴가 요구르트만 소화시킬 정도로 몸이 쇠약해져 결국 귀국할 수밖에 없었다. 그 후 '무엇 때문에 사는가', '어떻게 살아야 하는가'에 대한 진지한 물음에서 '내 안의 나'를 만났다. 어렵게 만난 내 안의 나는 11년 독일 생활이 가장 큰 지원군이었다고 훗날 고백한 바 있다.

그는 동독과 서독이 통일되는 광경을 지켜보면서 '존재가 의식을 결정하는 것이 아니라 문화가 의식을 결정한다'는 생각을 가지게 되었다. 그 후 심리학과에서 문화심리학 박사 학위를 취득한 후 베를린자유대학교의 전임 강사로 초빙되어 강의와 더불어 발달심리학, 문화심리학과 관련된 여러 연구 프로젝트에 참여했다. 그 과정을 통해 자연스레 전문가로 인정받았다.

사람들은 그에게 어떻게 하면 재미있고 행복해질 수 있는지 묻는다. 그러면 그는 소소한 일상에서 재미와 즐거움을 찾으라고 말한다.

"자신이 무엇을 좋아하는지 알아야 합니다. 내가 좋아하는 것이 무엇인지 알면 의외로 간단해집니다. 좋아하는 것을 끊임없이 하다 보면 몰입과 학습의 경험을 하게 되고 매일의 삶이 곧 축제가 됩니다."

김정운 소장은 소소한 재미 안에 경쟁력이 숨어 있다고 말한다. 소소한 일상에서 즐거움을 발견하는 사람에게는 삶이 축제와 같다. 진부한 것을 새로운 맥락에서 낯설게 보는 능력, 그것이 바로 창의력으로 이어진다는 것이다. 그리고 창의력이야말로 국민 개개인이 행복해지고 경제가 좋아지는 원동력이라고 말한다.

놀이를 단순히 일을 잘하기 위한 수단으로 생각했던 우리나라에서 놀이와 여가 문화를 통해 진정한 '나'를 찾고 진짜 인생을 만들어갈 수 있다고 웅변하는 김 소장. 문화와 놀이가 21세기 국가경쟁력이라 말하는 그는 어느 때보다 힘든 시기를 보내는 우리에게 다른 길을 보여주는, 진정한 1인 기업가라고 할 수 있다.

4장

1인 기업가가 되기 위해
필요한 아홉 가지 조건

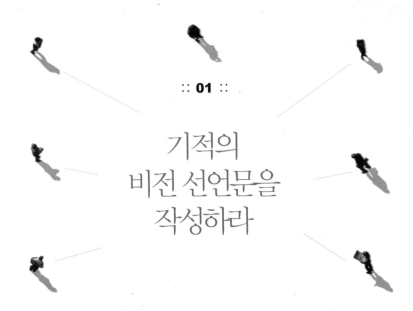

:: **01** ::

기적의
비전 선언문을
작성하라

리처드 라이더와 데이비드 샤피로의 공저《인생의 절반쯤 왔을 때 깨닫게 되는 것들》이 있다. 원래 제목은 'Repacking Your Bags'이니 '가방을 다시 싸라' 정도가 되겠다. 그 책에서 보면 현대인이 가장 두려워하는 것이 '의미 없는 삶을 살았다고 느낄 때'라는 표현이 있다. 의미 있는 삶은 우리의 얼굴만큼이나 다양한 모습이지만 의미의 본질을 생각해보면 결국에는 꿈으로 이어진다. 꿈을 가지고 고군분투하며 사는 사람은 결과를 떠나 과정에서의 행복을 느낀다.

그러나 대부분의 사람은 하루하루 흘러가는 대로 남들이 정해놓은 기준에 따라 사는 경향이 짙다. 그러다 보니 대부분 '의미 없는 삶'으로 점철된, 미래에 대한 두려움과 후회로 가득한 삶을 살아가게 된다.

속담에 '시작이 반이다'라는 말이 있듯이 1인 기업도 확고한 꿈을 가진 순간 절반은 완성된다. 드라마 〈선덕여왕〉에서도 "오로지 꿈꾸는 자만 계획을 세우고 방법을 찾아냅니다"라는 명대사가 있었다. 꿈을 가진 사람만이 계획을 세우고 방법을 찾아내 다른 사람들의 성공 기준이 아니라 자신의 기준대로 살아간다. 그리하여 스스로 기획하고, 생산하고, 판매하는 진정한 1인 기업가로 변신한다.

1인 기업가에게는 기업에 몸담은 직장인들과는 달리 선택과 결단, 그리고 무엇보다 실행이 중요하다. 나는 이 세 가지 중에서도 실행이 가장 중요하다고 생각한다. 매년 새해가 밝아오면 많은 사람이 계획을 세우고 실천을 다짐하지만 끝까지 실행에 옮기는 사람은 적다. 그저 한번 꿔본 꿈처럼 여기는 이들이 대부분이며, 또 똑같은 삶을 이어간다.

많은 직장인이 남들의 지시를 받지 않고 나 스스로 컨트롤할 수 있는 1인 기업에 대한 꿈을 가지지만 그저 꿈만 꾼 채 '역시 나는 회사형 인간이야'라며 일상으로 돌아가곤 한다. 사람은 속성상 자신이 하고 싶은 일을 하지 못하면 미련을 가진다. 그래서 결국은 '의미 없는 삶을 살았다'는 후회와 함께 후배들에게 '나처럼 살지 말라'는 뼈저린 조언을 하게 된다.

1인 기업가로서 의미 있는 삶을 살기 위해선 실행을 위한 강력한 원동력이 필요하다. 나는 강력한 원동력을 갖추기 위해 '비전 선언문'을 작성하라고 조언하고 싶다. 사실 나 역시 5년 전까지만 하더라도 그저 여느 직장인들처럼 미래에 대한 깊은 고민 없이 살았다. 그러다 어느 순간 이렇게 안일하게 살아선 안 되겠다는 자각과 함께 노트에다 비전 선언문을 써내려갔다. 그리고 그 선언문을 매일 아침 마치 마법을 외듯이 읊조렸다. 그러자 희한하게도 내 인생이 지금처럼 책을 쓰고, 강연을 다니고, 코칭을 다니는 구조로 달라지기 시작했다.

그래서 나는 사람들에게 이렇게 말한다.

"여러분, 하루하루 안일하게 살기보다 지금 이 순간을 소중하게 생각해야 합니다. 그러려면 앞으로 어떤 사람이 될 것인지, 어떤 일을 하며 인생을 살아갈 것인지에 대한 고민이 따라야 합니다. 그리고 무엇보다 비전 선언문을 작성할 필요가 있습니다. 비전 선언문이 있어야 비전이 이끄는 인생을 살게 됩니다."

사람들 중에는 비전 선언문을 그저 몇 시간 만에 뚝딱 작성하는 이도 있다. 그래선 안 된다. 창조적이며 자기 철학이 가미되면서 스스로 기만하지 않고 행동에 옮길 수 있도록 철저한 고민이 수반

되어야 한다. 이런 고민 끝에 운명을 바꿀 나만의 비전 선언문이 나오는 것이다.

'왜 사는지 아는 사람은 어떤 역경도 이겨낼 수 있다'라는 서양 격언이 있다. 1인 기업가로 성공하기 위해선 수많은 어려움이 있다. 하지만 자신이 왜 1인 기업가가 되고 싶은지, 그리고 어떤 미래를 만들어가고 싶은지에 대한 확신과 믿음만 있으면 어떤 어려움도 능히 극복할 수 있다. 이것이 바로 비전 선언문의 힘이다.

더욱이 21세기에는 정신을 바짝 차리지 않으면 회사에서 이룬 성취가 삶의 의미가 되기도 한다. 즉, 회사의 성과를 나의 성과로 착각하는 것이다. 그러니 매일같이 다람쥐 쳇바퀴 돌 듯 하는 일상을 보내지 않으려면 매 순간 나를 자극하고 이끌어줄 비전 선언문을 반드시 가져야 한다. 비전 선언문은 특히 많은 선택 속에서 신속하게 현명한 결정을 내리는 데 도움을 줄 것이다.

1인 기업가를 꿈꾸는 사람들이 비전 선언문을 작성할 때 기억해야 할 네 가지가 있다.

첫째, 업의 본질을 이해하고 사업을 하는 이유와 목적을 정확히 기록해야 한다.

업의 본질을 이해하고 기록하면 생계를 뛰어넘는 천직 또는 진짜 직업을 찾아 떠나는 여행자가 될 수 있다. 또한 사업을 하는 이유와 목적은 여러 유혹 앞에서 자신을 채찍질할 수 있는 무기가 되고 망망대해를 헤매는 것 같은 상황에서 방향키가 되어줄 것이다. 따라서 고민에 고민을 거듭해서 비전 선언문을 작성해야 한다.

둘째, 마감까지 가능한 데이터화된 목표를 기록해야 한다.

성공한 1인 기업가는 시간 부족에 시달리면서도 탁월한 성과를 낸다. 그 이유는 고도의 집중력으로 일을 처리하기 때문이다. 집중력을 기르는 방법 중 하나는 마감 효과를 활용하는 것인데, 비전 선언문에 데드라인을 넣는 것이다. 즉 달성하고 싶은 날짜까지 넣고 지키려는 마음가짐이 잇으면 투입된 시간과 노력에 비해 탁월한 성과를 내는 1인 기업이 될 수 있다. 그리고 데이터화할 수 있으면 작은 변화도 눈에 보여 쉽게 동기부여가 된다. '측정할 수 없으면 개선할 수 없다'는 말이 있듯이 데이터를 기록하고 측정할 수 있어야 한다.

셋째, 목표를 달성하기 위한 수단을 기록해야 한다.

농축된 자기 철학과 원대한 목표를 기록했다고 하더라도 비전을 실현하기 위한 수단이 있어야 한다. 꿈을 이루기 위한 수단을 기록함으로써 자신이 가진 자원이 무엇이며, 부족한 것을 메우기 위해 어떤 노력을 해야 할지 객관화할 수 있고 한정된 자원을 적재적소에 배치할 수 있다.

넷째, 사회에 공헌하는 일이어야 한다.

1인 기업도 기업인 만큼 반드시 이윤이 있어야 한다. 봉사단체가
아닌 이상 이윤이 없는 기업은 존재할 이유가 없다. 따라서 비전
선언문에는 성과, 성공이라는 요소가 들어가야 한다. 다만 사회에
대한 공헌도 빠트려선 안 된다. 오로지 나 혼자만을 위한 비전보다
다른 사람들, 공익을 위한 비전은 그만큼 보람도 커서 '계속하는
힘'이 더욱 강해진다.

이처럼 비전 선언문을 작성하면 숱한 시련과 역경이 닥치더라도
꿋꿋하게 앞을 향해 나아가게 된다. 포기해야 할 이유보다 계속 노
력하고 도전해야 할 이유가 더 많기 때문이다. 이것이 바로 비전의
힘이다.

나는 치열하게 고민하고 심사숙고하여 작성한 비전 선언문을 지
갑과 가방에 넣고 다닌다. 그래서 언제든지 보면서 내가 가야 할
방향과 목적지를 잊지 않는다. 우리 두뇌가 받아들이는 70~80퍼
센트의 정보는 시각을 통해서 인지하는 것이다. 비전 선언문을 수
시로 들여다보면서 마치 그 비전을 이룬 것처럼 생생하게 상상하
면 뇌는 비전을 이룬 사람처럼 사고하고 행동하게 된다. 그리고 그

런 과정에서 정말 내가 실현하고자 하는 비전을 이룰 다양한 기회를 만나게 된다.

　정성 들여 비전 선언문을 작성했다면 여러 번 접어서 지갑과 가방에도 넣고 자주 볼 수 있도록 책상 앞에도 붙여두자. 핸드폰 배경 화면을 비전 선언문 내용으로 채우는 것도 꿈꾸는 미래를 보다 일찍 실현하는 한 방법이다.

　1인 기업가는 하루에도 수십 번 비전의 시각화를 활용해야 한다. 시각화란 아직 이루어지지 않았지만 마치 이룬 것처럼 생생하게 생각하는 것이다. 그리고 비전 선언문에 적힌 내용을 사람들 앞에서 공언할 수 있어야 한다. 많은 사람 앞에서 공언할 수 없는 비전이라면 그것은 비전이 아니다. 그저 낙서일 뿐이다. 자신이 품고 있는 비전에 대해 자부심이 없는데 어떻게 그 비전이 많은 시련과 역경을 극복하고 실현될 수 있겠는가. 비전이 있다면 사람들 앞에서 당당하게 말할 수 있어야 한다. 무엇보다 그러할 때 스스로 강한 동기부여가 된다.

　비전 선언문은 암세포도 이길 만큼 강력한 힘을 지니고 있다. 비전 선언문은 노트에다 적은 작은 글자들이 모여 있는 문장들에 불과하지만 그 문장에는 어떤 장애물도 극복할 수 있는 강력한 힘이 깃들어 있다.

후회 없는 인생, 성공하는 인생을 사는 사람과 후회로 점철된 인생을 사는 사람의 차이점은 가슴 뛰게 하는 비전이 있느냐, 없느냐에서 생긴다. 전자의 인생을 살고 싶다면 오늘 당장 노트에다 비전 선언문을 작성해보라. 비전 선언문을 작성하기 위해 고민할 때 당신의 새로운 인생이 펼쳐진다. 강력한 비전이 이끄는 가슴 뛰는 인생을 살게 될 것이다.

:: **02** ::

스피치를
꾸준히 연습하라

살아가다 보면 시련에 처하기도 하고, 역경에 절망하기도 한다. 그럴 때마다 누군가로부터 위로가 담긴 한마디에 시련과 역경을 이겨낼 힘을 얻게 된다. 이때 누군가에게 들은 한마디 말이 바로 스피치다. 스피치라고 해서 수백 명, 수천 명 앞에서 연설하는 거창한 것만 있는 것은 아니다.

게티즈버그 연설의 예에서 알 수 있듯이 동서고금을 막론하고 역사적인 순간에는 링컨과 같은 명연설가가 나와 군중의 가슴에 비전을 심어주어 행동의 변화를 이끌어내는 스피치를 시작했다. 그들의 스피치에는 수천 명, 수만 명, 수십만 명의 군중을 움직이는 엄청난 에너지가 있다. 그래서 21세기에는 스피치를 잘하지 않고선 결코 남들에게 인정받을 수도, 성공할 수도 없다.

그러나 반대로 스피치가 독이 되는 경우도 있다. 몇 년 전 사회 지도층인사가 성희롱과 관련된 건배사 스피치를 했다가 옷을 벗어야 하는 일이 있었다. 남북 이산가족 상봉을 앞두고 가진 저녁 식사 자리였다. 분위기를 화기애애하게 이끌고 싶은 욕심에 그런 이런 건배사를 했다.

"여러분, 요즘 유행하는 건배사를 하나 해볼까 합니다. '오바마'인데요. 그 뜻은 '오빠 바라만 보지 말고 마음대로 해'라는 뜻입니다. 여러분, 잔을 들어주세요. 자, 오바마!"

순간 분위기는 찬물을 끼얹은 듯 싸늘해졌고, 그의 건배사는 SNS를 타고 순식간에 퍼졌다. 이는 곧 사회적인 이슈가 되었고, 그의 건배사는 분위기를 살리는 스피치가 아니라 자신을 죽이는 스피치가 되었다. 결국 그는 짧은 건배사 때문에 사회 지도층인사가 성희롱 발언을 했다는 비판에 밀려 몸담고 있던 조직에서 나와야 했다.

이처럼 스피치에는 짧은 말에도 막강한 파워가 담겨 있다. 잘못 겨냥하면 나를 죽일 수도, 남들을 죽일 수도 있다. 한 사람의 운명을 바꿔놓을 수 있는 것이 바로 스피치다.

특히 1인 기업가에게는 스피치가 생명이다. 스피치를 통해 대중에게 자신의 지식과 경험, 노하우, 스토리를 들려줘야 하기 때문이다. 만일 남들 앞에만 서면 눈앞이 캄캄해지거나 하고자 했던 말이 생각나지 않거나 더듬거리게 된다면 자신이 가진 지적 자산들을 상품화할 수 없다.

잘나가는 1인 기업가 중에는 스피치 능력이 뛰어나 평범한 월급쟁이 몇 달 치 월급에 해당하는 시간당 강연료를 받는 이들도 수두룩하다. 한 시간 강연에 300만 원에서 700만 원가량의 높은 강연료를 받을 수 있는 것은 자신만의 비법을 대중에게 들려주는 스피치 능력을 갖췄기 때문이다. 따라서 스피치가 되는 1인 기업가는 갈수록 승승장구하며 성장할 수 있지만, 스피치가 힘든 1인 기업가는 대중으로부터 외면받기 십상이다.

"저는 몇 사람 앞에선 얘기를 잘하는데 이상하게도 많은 사람 앞에만 서면 꿀 먹은 벙어리가 되고 맙니다. 고치려고 아무리 노력해도 잘 안 됩니다."

"수십 번 연습하고 달달 외운 다음에 강단에 서도 앞에 앉아 있는 사람과 눈이 마주치는 순간 아무 생각이 나지 않아요. 스피치만 되면 제 능력을 제대로 인정받을 텐데, 너무 억울하다는 생각이 들어요."

하나같이 스피치를 잘하고 싶지만 생각처럼 안 된다고 얘기한다. 무대 공포증을 극복한다는 것이 쉬운 일이 아니라는 것이다.

이를 잘 보여주는 통계가 있다. 미국 갤럽에서 미국인들이 가장 두려워하는 것 10위를 뽑았다. 3위는 '폐쇄 공간', 2위는 '뱀'이었고 1위가 '대중 앞에서 말하는 것'으로 밝혀졌다. 대중 앞에서 말하는 것을 뱀보다 더 두렵다고 느낀다니, 토론과 발표가 일상화된 미국에서도 스피치의 어려움을 느끼는 사람이 많은 것은 마찬가지인 듯하다. 하물며 어려서부터 겸손과 자신을 드러내지 않는 것이 미덕이라는 것을 배우며 자란 한국인에게 대중 스피치는 더더욱 극복하기 힘든 과제다.

그러나 평생을 현역으로 사는 1인 기업가가 되기 위해선 반드시 스피치 문제를 극복해야 한다. 아니, 극복해야 하는 수준에서 머물러선 안 된다. 청중을 들었다 놨다 할 정도로 스피치의 달인이 되어야 한다. 1인 기업가들에게는 경쟁자들과 구분되는 핵심 역량이다.

특히 지식을 바탕으로 하는 1인 기업이 늘어나면서 강연, 강의, 카운슬링, 컨설팅, 코칭 등 다양한 분야에서 스피치가 절대적으로 필요하다. 또한 잘 다듬어진 스피치 실력은 자신의 브랜드 가치를 높여준다. 따라서 스피치 하나만 잘해도 여기저기서 강연가로 초빙받는 일이 많아진다. 지금 이 시대는 보여주는 것, 즉 퍼포먼스의 시대이기 때문이다.

그렇다면 어떻게 해야 스피치를 잘할 수 있을까? 가장 중요한 것은 꾸준히 연습하는 것이다. 거기에다 다음과 같은 사항을 염두에 두면 좀더 도움이 될 것이다.

첫째, 스피치 실력은 무대 경험, 실패 횟수와 연관이 있다.

수백 명도 아니고 열 명만 있는 무대에 서라 해도 다리가 후들거리고 얼굴이 상기되고 머릿속이 하얘진다는 사람이 많다. 타고난 연설가를 제외하면 지극히 정상적인 모습이다. 중요한 건 무대를 경험했다는 경험치를 소중히 여기고, 망신을 당하고도 다시 무대로 나가는 근성이다. 이런 근성이 스피치 실력을 키우는 데 꼭 필요하다. 이런 경험과 실패 횟수가 쌓여서 더 나은 스피치를 하는 데 자신감이 되고 큰 자산이 되어준다. 그러니 '멋지게 한 말씀' 자리가 생기면 못 하겠다고 손사래 치지 말고 "저요!" 하고 적극적으로 나서서 '한 말씀' 해야 한다.

둘째, 대중이 원하는 건 진솔한 자기 생각이다.

회사에서 프레젠테이션을 할 때 너무나 긴장되고 떨려서 스피치 학원에 왔다고 자기를 소개한 새내기 수강생이 있었다. 그는 K2 같은 산을 오르는 것이 취미라면서 자신의 스토리를 풀어나갔다. 일반인들은 경험하기 힘든 경험을 이야기해서인지 모든 수강생이 그의 말 한마디 한마디에 집중했다. 이어지는 질문에도 그는 진솔하게 답변을 해주었다.

나는 쉬는 시간에 잠시 대화를 나누었다. 자신은 오늘 발표에서 다리가 후들거렸다고 했지만, 우리는 명강사가 강의를 해준 것 같다며 칭찬해주었다. 화려한 미사여구로 무장하는 것보다 진솔한 무언(無言)이 훨씬 낫다. 화려한 미사여구로 맞지 않는 옷을 입으려 하지 말고 진솔한 자기 이야기로 스피치를 펼쳐보자. 그러면 청중 또한 마음의 문을 열고 귀를 기울이게 된다.

셋째, 스피치의 기본 구조를 익혀 다양한 주제로 적용해보자.

드라마, 영화, 소설 등에는 반드시 기본 구조가 있다. 스피치도 마찬가지다. 기본 구조를 완성하지 않고 무대에 올라가면 횡설수설 수다만 떨다가 후회하면서 무대를 내려와야 한다. 스피치의 기본 구조는 '주제 선언-흥미 유발-본론-재정리-주제 반복-인사' 순으로 되어 있다. 이런 기본 구조에 살을 더하면 멋지고 안정된 스피치를 할 수 있다.

넷째, 평소 목소리 훈련으로 다른 매력을 만들자.

스피치를 이루는 세 가지 중 하나는 '목소리'다. 평소 이동 중인 차 안이나 자신만의 공간에서 정확한 발음발성 훈련을 해보자. 목소리 하나만으로도 대중은 당신을 기억해줄 것이다. 발음발성에 대한 자료는 책이나 인터넷에서 충분히 찾을 수 있으며, 많은 전문가가 활동하고 있으므로 도움을 받기도 수월하다. 스피치 달인들의 CD를 구입해 귀가 닳도록 들으면서 따라 하는 것도 좋은 방법이다. 어느 순간 자신의 실력이 좋아졌다는 것을 느끼게 된다.

  인터넷과 스마트폰의 발달로 언제 어디서든 멋진 스피치를 들을 수 있다. 하지만 스피커의 열정과 강한 신념은 인터넷과 스마트폰을 거쳐서는 절대로 전달받을 수 없다. 오직 목소리를 직접 듣고 제스처를 직접 봄으로써만 전달받을 수 있다.
  1인 기업가에게 스피치 능력은 반드시 갖춰야 할 생존 능력이다. 스피치 능력이 부족하다면 자신이 가지고 있는 지식과 정보, 지혜, 노하우가 아무리 뛰어나다고 하더라도 청중에게 제대로 전달할 수가 없다. 그러면 그 모든 것이 무용지물이 되고 만다.
  하지만 스피치가 뛰어나다면 청중의 마음을 활짝 열게 하고 교감까지 나누게 되므로 굉장한 파급 효과를 가져올 수 있다. 어쩌면 인터넷 효과로 하루아침에 스타로 등극할지도 모른다. 스피치의 달인이 된다면 1인 기업가로서 단번에 뜰 수도 있다는 말이다.
  한 기자가 지독한 연습벌레로 알려진 프로골퍼 최경주 선수와 인터뷰하면서 타이거 우즈에게 지는 이유에 대해 물었다. 그러자 그는 이렇게 답했다.

"그가 더 연습을 했기 때문입니다."

스피치도 마찬가지다. 꾸준한 연습은 불가능도 가능케 하는 힘을 발휘한다.

하루 두 시간은
자기계발에
투자하라

　탁월한 성과를 올리는 사람들에게는 한 가지 공통점이 있다. 탁월한 실행 능력을 자랑한다는 것이다. 물론 실행 전에 신중을 기해서 결정하지만, 결정이 되면 절대 우물쭈물하지 않는다. 즉시 실행에 옮긴다. 남들에 비해 앞서 가고 탁월한 성과를 올릴 수밖에 없는 이유다.

　실행 능력은 일종의 습관이자 필수적인 성공 요소다. 어떤 성공도 실행 능력 없이는 불가능하다. 자기 분야에서 일가를 이룬 성공자들을 보면 하나같이 실행 능력이 축적되어 있다는 것을 알 수 있다.

　그렇다면 실행 능력을 갖출 방법은 없을까? 다른 방법이 있을 리

없다. 오직 연습과 반복을 통해서만 가능하다. 그저 단순 반복이 아니라 더 나아지려는 의지를 담아 꾸준히 연습하고 반복해야 한다. 운동을 통해 멋진 근육질의 몸매를 만드는 것과 같다. 예컨대 애인에게 멋진 근육질의 몸매를 자랑하려는 욕구가 있는 남자라면 술자리 등의 유혹을 뿌리치고 운동을 계속할 수 있다. 1인 기업을 꿈꾸는 사람도 실행 능력을 습관으로 만들어야 한다.

'경영의 구루'로 일컬어지는 피터 드러커는《프로페셔널의 조건》에서 습관에 대해 이렇게 이야기한다.

"성과를 올리는 사람과 그렇지 못한 사람의 차이는 재능에서 비롯되는 것이 아니다. 몇 가지 습관적인 자세와 기초적인 목표달성 방법을 제대로 습득했는지의 차이이다."

누구에게나 차별 없이 공평하게 주어지는 것이 시간이다. 성공하는 사람들은 시간을 생산적으로 쓸 줄 안다. 1인 기업은 자기관리, 즉 시간을 철저히 관리하는 습관이 몸에 배어 있는 사람에게 유리한 시스템이다. 그래서 나는 1인 기업을 꿈꾸는 사람들에게 하루 10퍼센트를 차지하는 두 시간을 온전히 '나'를 업그레이드시키는 자기계발에 투자하라고 조언한다. 하루 두 시간씩 꾸준히 자기계발을 실천할 때 머지않아 남들이 부러워하는 1인 기업가로 자리매김할 수 있다.

대기업에 다니는 한 젊은이가 있었다. 그는 자신의 인생에서 순수하게 하루 두 시간을 자기계발에 투자하기로 마음먹었다. 직원으로서 해야 할 일에 우선순위를 두고 집중력을 발휘해 여섯 시간 만에 마쳤다. 근무시간 여덟 시간 중 두 시간을 번 것이다. 그 두 시간은 오직 미래를 위해 자기계발을 했다. 때로 여섯 시간 동안 마치지 못한 일은 밤을 새워서라도 해냈지만 매일 두 시간 자기계발을 하겠다는 자신과의 약속은 반드시 지켰다.

어느 날 그의 머릿속에 이런 질문이 떠올랐다.

"내가 설계하고 개발할 수 있는 기술은 무엇인가?"

이 질문에 답변하기 위해 사내벤처 1호인 웹글라이더팀을 만들어 동료 세 명과 연구에 몰두했다. 그렇게 3년간 매일 두 시간씩 연구한 끝에 검색엔진 개발에 자신감을 가지게 되었다. 그리고 원하는 것을 찾아주는 검색엔진에 자신의 전부를 걸었다.

1999년 6월, 그는 삼성SDS에서 독립하여 네이버컴주식회사를 설립했다. 본격적으로 인터넷 포털 비즈니스를 시작한 것이다. 그 청년이 바로 네이버 창업자인 이해진 대표다. 네이버는 시시각각 변화하는 인터넷 환경에 발 빠르게 대응하며 인터넷 카페와 이메일 서비스로 무장한 포털 사이트 '다음'을 넘어 포털 업계 1위로 당당히 자리매김했다.

만일 평범한 직장인 시절 자기계발을 하지 않았더라면, 그는 지금도 평범한 직장인에 머물러 있을지 모른다. 하루 두 시간을 미래를 위한 자기계발에 활용했기에 지금의 눈부신 인생을 살 수 있게 된 것이다.

하루 두 시간이라는 시간은 사람에 따라 극히 짧은 시간일 수도 있고, 누군가에게는 운명을 바꾸는 위대한 일을 할 수 있는 시간이 되기도 한다. 그 시간에 무엇을 하느냐에 따라 성과가 달라지는 것이다.

특히 1인 기업가는 자신만의 전문 분야가 있는 사람들이다. 그런데 자신에게 전문 분야가 있다고 해서 세상이 저절로 알아주진 않는다. 부단히 자신을 계발하면서 자기만의 콘텐츠를 홍보·마케팅해야 한다. 이런 과정이 축적될 때 조금씩 네임 브랜딩이 되는 것이다.

어느 분야든 전문가 반열에 오르기 위해선 1만 시간 동안 꾸준히 노력해야 한다는 말이 있다. 취업 사이트에서 경력자를 채용할 때 가장 많이 원하는 경력 연수는 5년에서 6년 차라는 통계가 있다. 일일 여덟 시간을 근무했을 경우 1만 시간 법칙에 따라 5년 경력은 전문가 반열에 들어가는 시간이다. 만약 당신이 현재 당신의 분야 외에서 전문가가 되기를 꿈꾼다면 하루 두 시간을 투자해 10년이라는 시간을 들이면 꿈을 이룰 수 있다. 만약 주말에 더 많은 시간을 자기계발에 투자한다면 그 기간은 훨씬 줄어든다.

직장에서는 5년을 일하더라도 단순히 일처리 속도만 빨라졌을 뿐 발전이 없는 사람이 있는 반면에, 탁월한 성과를 내면서 전문가 반열에 오르는 사람도 있다. 절반이 넘는 직장인들이 하루에 한 시간에서 두 시간을 자기계발에 투자하고 있지만 자신이 원하는 분야에서 전문가 반열에 오른 사람은 극소수에 불과하다 그 차이는 뚜렷한 목표 의식을 가졌느냐 아니냐에 있다. 자기계발의 목적이 단순 현상 유지나 남들 '따라 하기' 또는 불안을 잠재우는 수단으로 전락하지 않기 위해서 목표가 중요하다. 목표를 구체적으로 세우고 매일 두 시간을 자기계발에 투자한다면 성공하는 1인 기업으로 가는 초석을 만들 수 있다.

우리는 자신이 가지고 있는 잠재력과 무형적 재화의 부가가치를 높여야 한다. 그러할 때 나를 가장 나답게 계발할 수 있다. 그러기 위해선 하루 두 시간 자기계발이 반드시 필요하다. 인풋이 있어야 아웃풋이 있을 수 있기 때문이다.

나는 아무리 생각해도 1인 기업가보다 심리적, 시간적, 경제적으로 나를 더 풍요롭게 해주는 일은 없다고 생각한다. 그래서 강연을 할 때마다 자신에게 어떤 전문 분야가 있거나 어떤 일을 하더라도 대한민국 최고가 될 수 있는 확신이 있다면 주저하지 말고 1인 기업가에 도전해보라고 강조한다.

그러나 어떤 일을 하든 부단한 노력이 따라야 한다. 특히 1인 기업가로서 운명을 바꾸고 싶다면 반드시 하루 두 시간을 자기계발에 투자해서 내가 가진 강점을 키워야 한다. 아무리 탁월한 성과를 낸 사람이라도 강점과 약점이 있게 마련이다. 둘은 빛과 그림자같이 공존하는 존재이지만 강점은 자신을 탁월한 성과를 내는 1인 기업으로 만들어주는 반면, 약점은 초라하게 만들어 그 자리에 머물러 있거나 뒤처지게 한다. 그래서 성공자들은 약점을 보완하기보다 강점을 더욱 강화하기 위해 시간과 열정을 쏟는다.

하루 두 시간은 결코 짧은 시간이 아니다. 그 두 시간이 매일, 한 달, 1년, 그 이상이 된다면 사고가 바뀌고, 태도가 바뀐다. 그 과정에서 강점이 더욱 강화될 뿐 아니라 확실한 전문 분야를 갖게 된다. 그 결과 가혹했던 운명이 눈부시고 풍요로운 운명으로 바뀌게 된다.

내 이름으로 된
저서를
가져라

우리가 잘 아는 1인 기업가들에게는 몇 가지 공통점이 있다.

첫째, 확고한 꿈과 목표가 있다는 것

둘째, 열정적으로 살고 있다는 것

셋째, 시련을 극복했다는 것

넷째, 내 이름으로 된 저서가 있다는 것

이 네 가지 모두 중요하고 반드시 필요하다. 하지만 모자랄 경우 1인 기업가로서 성공하기가 더욱 힘들어지는 한 가지가 있다. 바로 '내 이름으로 된 저서'다. 성공한 1인 기업가들을 살펴보면 키가 크든 작든, 잘생겼든 못생겼든, 학벌이 좋든 나쁘든 반드시 가진 것이 있는데 자신의 이름으로 된 저서다. 1인 기업가에게 저서보다 더 나를 세상에 홍보해주고 마케팅해주는 최고의 수단은 없기 때문이다.

대한민국 대표 1인 기업가들로 꼽히는 공병호 소장, 이영권 소장, 김정운 소장, 김미경 대표, 김창옥 소장, 강헌구 대표, 용혜원 시인 등은 저서를 가짐으로써 얻게 되는 강점에 대해 누구보다 잘 알고 있다. 그래서 그들은 저술, 강연, 칼럼 기고, 코칭 활동으로 바쁜 일정에서도 1년에 두세 권 이상의 책을 꼭 출간한다. 열 권이나 출간하는 사람도 있다. 저서를 펴냄으로써 그만큼 브랜딩 효과가 커짐을 잘 알기 때문이다.

그들이 책을 쓰는 이유는 자신의 의견이나 주장, 생각을 만들어 낼 수 있는 가장 효과적인 방법이자 '나'라는 브랜드를 세상에 널리 알릴 수 있는 매우 전략적인 방법이기 때문이다. 대한민국에 힐링이라는 화두를 던진 혜민 스님은 《멈추면, 비로소 보이는 것들》이라는 한 권의 저서로 '유학파 스님', 'SNS에 글 올리는 스님'에서 지금은 대한민국 불교계의 대표 아이콘이 되었다. 또 많은 청춘에게 희망과 쓴소리를 주며 '청춘 멘토'로 잘 알려진 김난도 서울대 교수는 《아프니까 청춘이다》라는 저서로 서울대의 울타리를 벗어나 대한민국의 '국민 멘토'로 자리 잡았다.

이처럼 저서는 의도적이든 아니든 간에 '나'라는 브랜드를 널리, 빠르게 알리는 최고의 홍보 · 마케팅 수단이다. 여러 권의 베스트셀러를 비롯해 스테디셀러《10대에 알았더라면 좋았을 것들》의 저자인 김태광 작가가 있다. 그는 20대 초반에 글을 쓰기 시작해서 14년 동안 책 쓰기라는 한 우물만 팠다. 그런 끝에 37세에 126권의 저서를 출간함으로써 대한민국 작가 최초로 기네스에 등재되는 등 자신의 분야에서 최고가 되었다.

그는《마흔, 당신의 책을 써라》에서 퍼스널 브랜딩뿐 아니라 전문가라는 칭호를 얻기 위해 꼭 책을 써야 한다고 말한다.

"자기만의 노하우나 전문성을 담은 책을 쓰면 자신의 브랜드 가치를 높일 수 있습니다. 전문가 1.0시대가 학위나 자격증에 의해 전문성을 인정받았다면, 전문가 2.0시대에는 책 쓰기에 의해 판가름난다고 할 수 있습니다. 따라서 전문가가 되기 위해선 어떤 스펙보다 자신의 이름으로 된 책 한 권이 좋습니다. 오늘 당장 책 쓰기에 도전해보시길 바랍니다."

예를 들어 1.0시대가 추구한 의사 자격증을 가진 사람은 대한민국에 많다. 하지만 이시형 박사, 유태우 박사는 많은 사람이 알고 있는 퍼스널 브랜딩이 된 의사다. 대표적인 저서로 이시형 박사는《공부하는 독종이 살아남는다》가 있고, 유태우 박사는《누구나 10kg 뺄 수 있다》가 있다. 이 대표적인 저서는 그들의 네임 브랜딩을 가능케 함으로써 최고의 의사라는 수식어를 붙여주었다. 그들의 이름에는 자연스레 '권위자', '명의'라는 별칭이 따라다닌다.

저서를 가지면 좋은 또 다른 점은 진짜 공부를 할 수 있다는 것이다. 책을 쓰기 위해 경쟁도서를 읽는 것은 기본 중의 기본이다. 베스트셀러를 내는 작가들은 책을 쓰기 위해 관련 분야의 책을 수십 권에서 수백 권까지 읽는다고 하니 한 분야를 깊게 파고드는 진짜 공부가 되는 것이다.

《비서처럼 하라》의 저자 창조경영연구소 조관일 소장. 그는 1979년 농협에 입사하여 창구에서 일한 경험을 바탕으로 《고객응대》라는 책을 출간했다. 고객서비스에 관한 자료를 꾸준히 모으고, 자신의 실제 사례를 넣어 만든 책이다.

그 후 《손님, 잘 좀 모십시다》를 출간하면서 회사 내에 고객 서비스 전문가로 통하게 된다. 그는 책을 쓰면서 회사 내 전문가라는 칭호는 물론 고객서비스에 관해 현장과 이론을 접목한 진짜 공부를 한 것이다. "훌륭한 작가는 한 권의 책을 쓰기 위해 도서관을 절반 이상 뒤진다"라는 보즈웰의 말처럼 책 쓰기는 진짜 공부로 이어진다.

내 이름으로 된 저서가 있다는 것은 자신의 의견, 주장, 생각을 만들어낼 수 있는 가장 효과적인 수단을 가지고 있는 것과 같다. 적극적인 사고를 가지거나 자신의 분야에서 최고가 되고 싶은 사람이라면 자기 생각을 세상에 알리고 싶어하게 마련이다. 이때 내가 가진 능력을 세상에 알리기 위해선 돈 한 푼 들지 않으면서 최고의 홍보 · 마케팅 효과가 있는 저서만큼 좋은 수단은 없다.

저서의 장점은 헤아릴 수 없을 만큼 많다. 그중 몇 가지를 꼽아보면 나 대신 세상에 나의 생각과 지식, 철학 등을 알려주는 분신을 만들 수 있고, 인세를 받을 수 있으며, 강연 활동과 칼럼 기고로 이어진다. 또한 자신의 지식과 철학과 지혜를 후대에 상속할 수 있다.

저서를 씀으로써 남들로부터 '선생님'이라는 칭호를 받을 수 있을 뿐 아니라 가깝게는 가족과 친구, 동료들에게 인정받으며 신분 상승의 기회도 된다. 이처럼 책 쓰기는 1인 기업가는 물론 성공을 꿈꾸는 사람에게 반드시 필요한 성공 요소다.

그런데 대부분의 사람이 책을 쓰는 일은 이미 성공했거나 유명인만 가능하다고 여긴다. 사실 이 책을 쓰고 있는 나 역시 불과 몇 달 전만 하더라도 책을 쓰는 일은 나와는 동떨어진 세계의 일이라고 생각했다. 그런데 나처럼 평범한 사람들이 책을 펴내는 것을 보고 나도 할 수 있다는 생각으로 바뀌었다.

많은 이들이 책 쓰기를 두려워하는 이유는 주변에 작가를 찾아볼 수 없고, 작가는 가끔 열리는 교양 강좌에서나 볼 수 있는 존재라고 여기기 때문이다. 또 아무 노력도 없이 필력이 부족하다고 단정 지으며, 작가는 타고난다고 지레짐작해버리기 때문이다. 하지만 《어머니 저는 해냈어요》의 저자 김규환 명장은 초등학교도 졸업하지 못했고, 《리딩으로 리드하라》의 저자 이지성 작가는 초등학교 교사 출신이고, 앞서 말한 김태광 작가는 공사판을 전전하며 지독한 가난으로 신음하던 청년이었다. 이들 가운데 누구 한 사람 처음부터 집안이 부유했거나 성공했거나 유명했던 사람은 없다. 이들이 책을 쓴 이유는 너무나 힘들고, 평범하면서도 성공하고 싶었기 때문이다. 그래서 절박한 상황에서도 자신의 스토리를 책으로 펴낸 것이다.

이제 책은 유명해지거나 성공한 후에 쓴다는 생각을 버려야 한다. 유명해지기 위해, 성공하기 위해, 지금 하고 있는 사업을 더 성공시키기 위해 책을 써야 한다. 모든 분야가 그렇듯이 생각의 전환이 이뤄져야 더 나은 성과를 기대할 수 있고, 나아가 운명을 바꿀 수 있다.

내 이름으로 된 책을 써서 퍼스널 브랜딩을 하기 위해선 다음의 세 가지를 염두에 두어야 한다.

첫째, 취미나 지금 하고 있는 업무 관련 분야를 정하라.

아무 계획 없이 책을 쓰고 싶다는 욕망만으로는 책을 낼 수 없다. 취미나 자신이 가장 잘 아는 분야, 도전하고 싶은 분야를 정해야 한다. 먼저 큰 키워드를 정하고, 작은 키워드로 나가는 것이다.

현재의 출판 분야는 소설, 경제경영, 자기계발, 인문, 역사, 문화, 사회, 과학, 공학, 예술, 종교, 유아, 어린이, 청소년, 실용서(건강, 취미, 레저 등), 학습서로 분류할 수 있다. 이 가운데 쓰고 싶은 분야가 자기계발이라면 성공, 처세, 시간관리, 소통, 인간관계, 능력계발 등에서 해당하는 하위 분류를 정하고 핵심 독자층을 선정해야 한다.

둘째, 다독, 다작, 다상량을 생활화하라.

《장길산》의 저자 황석영 작가도 글을 쓰기 위해 독서, 가출, 고뇌를 통해 지독히 노력했는데도 필력이 늘지 않아 비관한 나머지 자살까지 시도했다는 이야기가 있다. 하물며 우리 같은 일반인은 얼마나 많은 노력을 기울여야 할까.

하지만 우리는 황석영 작가처럼 최고의 소설가가 되기 위해 글을 쓰는 것이 아니므로 더 쉬운 길이 있다. 글 쓰는 능력을 향상시키기 위해선 다음 세 가지를 습관화하면 된다. 바로 다독, 다작, 다상량이다. 여기에다 한 가지 더 추가한다면 사람들의 말을 많이 들어야 한다는 것이다. 대화 속에서 기발한 콘셉트나 영감을 얻을 수있기 때문이다. 매일 꾸준히 이런 노력을 기울인다면 나만의 스토리를 책으로 펴낼 힘을 기를 수 있다.

셋째, 원고 집필과 출판 방법에 대해 제대로 배워라.

책을 구매할 때 내용도 내용이지만 제목을 먼저 보고 구매하는 것이 일반적이다. 따라서 제목을 정할 때는 책의 운명을 결정한다는 무거운 책임감과 깊은 고민이 따라야 한다. '시장이 답이다'라는 말이 있듯이 시간이 흘러도 잘 팔리는 책의 제목을 유심히 연구하는 것이 제목을 정하는 데 큰 도움이 된다. 그리고 책 쓰기의 50퍼센트라 말하는 목차를 정할 때는 경쟁도서들의 목차를 유심히 살펴보고 대중이 흥미를 느낄 수 있도록 구성해야 한다. 목차까지 완성되면 거기 맞는 사례에다 나의 지식과 철학, 지혜를 스토리로 담아서 초고를 완성한다. 완성된 초고는 다시 고쳐 쓰면서 좀더 완벽에 가까운 원고로 다듬어야 한다.

마지막으로 출판사에 원고를 투고할 때는 출간제안서와 함께 보내는 것이 좋다. 1~2주일 정도가 지났는데도 답신이 없거나 부정적인 답신이 오면 원고를 보완해서 다른 출판사에 보낸다.

노력과 도전을 포기하지만 않는다면 언젠가는 인연이 있는 출판사와 이어진다. 더 자세한 책 쓰기 스킬에 대해 알고자 한다면 서점으로 달려가자. 전체적인 흐름을 알려주는 책도 있고 각 단계에 대해 세부적인 정보를 주는 책도 있다. 관련 책들을 참고하면 많은 도움이 될 것이다.

1인 기업가에게 저서는 세상에 '나'라는 브랜드를 알리는 최고의 수단이다. 책을 펴내는 순간 자신의 분야에서 전문가로 인정받게 된다. 저서야말로 전문가로 통하는 자격증이기 때문이다.

이제 시대는 이미 생존 독서를 넘어 생존 책 쓰기로 전환되었다. 나는 책 쓰기는 그저 빈 여백에다 활자를 담는 것이 아니라 나를 되돌아보면서 앞으로 나아갈 방향에 대해 깊이 있는 고민을 할 수 있는 과정이라고 생각한다. 그래서 사람들에게 '운명을 바꾸는 자기혁명'이라고 자신 있게 말한다.

이제 당신도 다른 작가들이 쓴 책만 읽지 말고 직접 써보라. 그리하여 당신의 운명을 눈부시게, 위대하게 바꿔보길 바란다.

:: 05 ::

철저한
자기관리를 하라

며칠 전 한 대기업의 부장과 이야기를 나누었다. 대화 내용을 간략하게 옮겨보면 이렇다.

"부장님, 내년에 임원이 되신다는 소식 들었습니다. 기업의 꽃이 임원인데 좋으시겠어요."

"말도 마세요. 사실 갈 수 있는 확률이 반반이어서 매일 살얼음판을 걷는 기분입니다."

"제가 아는 분은 그저 부장으로 회사에 오래 남고 싶다고 하시던데요."

"네, 저도 그 심정 충분히 이해합니다. 임원이 되는 순간 계약직과 같아서 언제 잘릴지 알 수 없기 때문이지요. 무엇보다 저는 내년에 임원이 못 되면 회사를 나와야 하니, 요즘 사는 게 사는 게 아니에요."

기업의 꽃은 임원이다. 청운의 꿈을 안고 같이 입사한 많은 동기 중 극히 일부만이 임원이 된다. 임원이 되기 위한 조건이 매우 까다로워 누구나 될 수 없기에 꽃이라고 하는 것이다.

베인앤컴퍼니 코리아의 이성용 대표가 펴낸《한국의 임원들》에는 임원들이 얼마나 철저히 자신을 관리하는지 잘 나타나 있다. '리더십 역량 강화 기술', '스타일 파악 후 경영' 등 임원이 되는 조건은 까다롭기만 하다. 또한 임원이 되는 과정이 어려워 '임원학(任員學)'이라는 과외가 따로 있을 정도다. 그만큼 기업의 꽃이 되기 위해선 철저한 자기관리가 필요하다.

임원 중에 조직에 몸담았던 경험을 바탕으로 1인 기업을 차리는 이들이 많다. 하지만 그들이라고 해서 무조건 성공하는 것은 아니다. 오히려 그 반대다. 지인 중에 퇴직 후 1인 기업을 창업해서 고전을 면치 못하는 이들이 더러 있다. 오르기 힘든 임원 자리라고 해도 어쨌거나 회사 브랜드의 힘이 받쳐주기 때문에 비즈니스를 하기에는 여러모로 수월하다. 그러나 1인 기업은 말 그대로 홀로 서는 것이다. 나 혼자서 북 치고 장구 치고 다 해야 한다.

그래서 1인 기업가로 성공하기 위해선 멀티 플레이어가 되어야 한다. 전방위 선수가 되어 수비와 공격을 모두 효과적으로 할 수 있어야 한다는 말이다. 1인 기업가는 자기관리에서 임원보다 더욱 뛰어나야 한다. 그럼에도 주체적으로 판단하고 결정해서 행동에 옮기는 1인 기업은 한 번뿐인 인생에서 꼭 도전해볼 만한 일임은 분명하다.

성공한 1인 기업가들은 지독하다고 할 정도로 자기관리에 철저하다. 그만큼 자기 일에 자부심을 가지고 있을 뿐 아니라 그 일에 전부를 쏟고 있다는 말이다. 1인 기업가의 특성상 무엇보다 경계해야 할 것은 작은 성공에 만족하는 것이다. 현실에 안주하거나 게으름을 피운다면 자신이 타고 있는 배는 남들보다 뒤처지거나 급류에 휘말려 뒤집힐 수도 있다. 한시도 쉬지 않고 노를 저어야 한다. 그래야 배는 멈추어 서 있거나 떠내려가지 않고 목적지를 향해 나아갈 수 있다.

지인 중에 1인 기업가인 J 소장이 있다. 그는 15년 동안 조직 생활을 하다가 자신의 꿈이었던 1인 기업을 차렸다. 몇 년간 힘든 일들의 연속이었지만 철저한 자기관리 끝에 어느 정도 기반을 잡았다. 그는 한 달에 외부 특강을 15차례 이상 다니고 칼럼 기고에다 저술 활동까지 하고 있다. 그런데도 항상 부족함을 느낀다고 말한다.

"남들은 이 정도면 성공하지 않았느냐고 말하지만 나는 성공했다고는 생각하지 않아요. 물론 과거에 비해선 수입도 많아지고 활동하는 분야가 넓어졌지만 제가 좋아서 하는 일인 만큼 제 분야에서 최고가 되고 싶습니다."

그는 부족한 부분을 채우기 위해 끊임없이 배우고, 끊임없이 자신을 채찍질하며 자기관리를 한다. 새로운 분야에 도전해서 새로운 기술을 익히고 접목하는 등 다양한 방법으로 끊임없이 자기혁신을 시도한다.

최효찬 자녀경영연구소 소장, 그는 신문기자 시절부터 1인 기업을 꿈꾸며 철저하게 자기관리를 했다. 신문기자로 현장취재를 할 수 없는 단계, 즉 부장을 보조하는 '선임 차장'이 되면, 그때는 기자직을 그만둬야 할 물리적인 시기라고 판단하고 10년 동안 철저히 준비했다. 박사 학위를 취득했는가 하면 자신이 차리고자 하는 1인 기업에 필요한 지식을 쌓았다.

또 휴직제도를 활용해 《5백년 명문가의 자녀교육》을 펴냈다. 이 책이 베스트셀러가 되는 등 1인 기업가로서의 가능성을 보여주었다. 그에게 휴직제도는 인생의 터닝 포인트는 물론 새로운 삶을 리모델링하기 위한 소중한 시간이었다. 그 덕분에 직장인에서 성공한 1인 기업가로 연착륙할 수 있었던 것이다. 최효찬 소장이 지금처럼 잘나가는 1인 기업가가 될 수 있었던 것은 철저한 자기관리

뿐 아니라 10년을 지독하게 공부하면서 자신을 갈고닦았기 때문이다.

미래학자 피터 드러커는 "지식작업자는 스스로 자신을 관리하고 감독해야 한다. 성과와 공헌, 다시 말해 목표달성을 위해 스스로를 관리해야 한다"고 말했다. 자기관리를 할 수 있다는 건 나를 주도적으로 계획하고 사용한다는 것인데, 우리가 주도적으로 계획하고 사용할 수 있는 것은 시간과 사고, 인간관계다.

사실 1인 기업가에게 이 세 가지가 제대로 관리되지 않는다면 이미 실패한 거나 다름없다고 말할 수 있다. 1인 기업가에게 가장 중요한 것은 비전과 더불어 철저한 자기관리이기 때문이다.

1인 기업을 경영하다 보면 때로 계획했던 일이 틀어지거나 믿었던 사람으로부터 마음의 상처를 입는 등의 속상한 일을 겪게 된다. 이때 순간적인 화를 참지 못해 충동적인 행동을 한다면 반드시 낭패를 본다. 시간이 지나 되돌아보면, '별것 아닌데 왜 그랬을까' 하고 후회가 밀려온다. 그래서 믿을 것은 오로지 자신뿐인 1인 기업가는 항상 평정심을 가지고 스스로를 갈고닦아야 한다. 철저한 자기관리를 통해 역량을 강화하는 자기계발을 해야 한다는 말이다. 그래서 나는 사람들에게 외부의 영향에 흔들리지 않도록 평소에 평정심을 유지하는 훈련을 해보라고 말한다.

로버트 그린은 《전쟁의 기술》에서 평정심을 유지하는 훈련을 지속적으로 하라고 말한다. 가장 쉬운 방법이 순간적으로 화가 치밀어 오를 때 손으로 할 수 있는 단순한 작업을 찾아 마음을 가라앉히는 것이다. 나 역시도 이런 방법으로 스트레스를 해소하고 화를 다스린다.

1인 기업으로 성공하기 위해선 과거 인맥보다 미래를 위한 인맥 구축이 더 중요하다. 나에게 도움이 되는 인맥을 형성하기 위해서는 여러 외부 모임에 참여하는 것도 좋은 방법이다. 자기계발 모임이나 조찬 모임, 외부교육 등을 활용하면 다양한 사람들과 인맥을 구축할 수 있다. 그들로부터 유익한 정보를 얻을 수 있어서 1인 기업을 경영하는 데도 많은 도움이 된다. 물론 자기관리가 철저한 사람만이 이런 모임에 참석할 수 있는 법이다. 철저한 자기관리가 선행해야 인맥 지도를 넓힐 수 있음을 간과해선 안 된다.

자신을 비정규직 아티스트라 말하는 패션잡지 일러스트레이터 장석원 씨가 있다. 그의 저서 《나는 일러스트레이터다》에서 보면 프리랜서로서 그만의 자기관리법을 엿볼 수 있다. 대학 졸업 후 1996년 SK 그룹에 입사하여 사회 생활을 시작했다. 그는 회사를 밖이 훤히 보이지만 위험에 노출되지 않도록 보호해주는 방탄유리라 표현한다. 이후 프리랜서 생활을 하면서 회사가 그동안 자신을 얼마나 먹이고, 키워주고, 보호해주었는지 자각할 수 있었다. 일례로 회사에 몸담고 있을 때는 사소한 문구용품부터 화장지까지 모두 공짜로 사용했는데, 회사를 나온 후에는 하나부터 열까지 자기 돈으로 구매하면서 홀로서기의 어려움을 느꼈다.

처음에는 무명인 그를 찾아주는 곳이 없었다. 하지만 그는 좌절하지 않았다. 오히려 프로젝트팀을 만들어 자신을 적극적으로 홍보하면서 서서히 자리를 잡아갔다. 문제는 팀원을 관리하는 일에서부터 재무, 디자인, 영업, 홍보 등까지 혼자서 해결하려다 보니 시간이 부족하다는 것이었다. 그는 고민 끝에 '네이버 스케줄' 관리를 활용하기 시작했다. 웹 사이트라 어디서든 쉽게 확인할 수 있고, 스마트폰과 연동되어 편리했다. 그리고 긴장감을 유지하기 위해 D-DAY 기능도 적극 활용했다. D-DAY가 끝나면 웹에 줄을 쫙 그어 그동안 받은 스트레스를 해소했다.

그는 종종 사람들과의 관계에서 오는 스트레스에서 벗어나기 위해 사적인 관계를 제외한 나머지 부분에서는 철저한 계약으로 관리했다. 프로젝트팀을 만들 때도 의리, 우정이 아니라 구체적으로 명시된 계약서에 따랐다. 이렇게 하면 뒤탈이 없을뿐더러 사람으로 상처를 받지 않고 평정심을 유지할 수 있다고 말한다.

장석원 씨는 다른 사람과의 약속보다 자신과의 약속이 더 무섭다고 말한다. 진정한 인맥관리는 나 자신과의 약속을 지키는 것이

기 때문이다. 이처럼 그는 시간관리, 마인드관리, 인맥관리로 프로
일러스트레이터로 우뚝 설 수 있었다.

1인 기업가에게 나 자신은 공장이자 브랜드다. 따라서 조직에 몸
담고 있을 때보다 철저한 자기관리가 이뤄져야 한다. 기획부터 생
산, 홍보와 마케팅까지 혼자서 해야 하며 어느 것 하나 소홀할 수
없기 때문이다. 이것이 1인 기업가로 우뚝 서고 갈수록 승승장구
하는 비법이다.

:: **06** ::

새벽형 인간이
되라

'새벽의 한 시간은 낮 세 시간과 비슷하다.'

'그대 새벽 세 시간을 얻으면 또 하나의 인생을 가질 수 있다.'

'아침잠은 시간의 지출이며, 이렇게 비싼 지출은 달리 없다.'

'늦게 일어남으로써 아침을 줄이지 말라. 아침은 생명의 본질로 어느 정도까지는 신성한 것으로 여겨라.'

새벽에 관한 헤아릴 수 없이 많은 명언 중 일부를 소개한 것이다. 새벽에 관한 명언이 많다는 것은 그만큼 새벽 시간이 소중하고 중요하다는 뜻이다. 사실 성공한 사람들을 살펴보면 하나같이 새벽형 인간이라는 것을 알 수 있다.

한상복 기자가 쓴 《한국의 부자들》에는 자수성가한 100명의 기상 시간에 대한 내용이 나온다. 100중 88명은 새벽 네 시에서 여섯 시 사이에 일어나 하루를 시작한다. 보통 사람들이 일곱 시경에 기상한다고 볼 때 이들은 무려 두세 시간이나 일찍 일어나 하루를 여는 것이다.

특히 하루 중 새벽 시간에 가장 에너지가 왕성하다. 사방이 고요하니 인생에서 가장 중요한 프로젝트를 하기에 안성맞춤이다. 그래서 성공자들은 새벽 시간을 활용해서 눈부신 인생 2막을 만들어 낸다. 새벽 시간을 온전히 내 것으로 만들어야 하는 이유가 여기에 있다.

새벽 시간의 소중함을 알고 있는 이들은 많지만, 문제는 실천이 안 된다는 것이다. 타성에 젖어 있기 때문이다. 그래서 새벽에 일어나야 하는 절실한 이유보다 더 자고 싶은 유혹의 힘에 지고 만다.

"아침잠이 원래 많아서…"

"늘 잠이 부족해."

"고작 한 시간 일찍 일어난다고 해서 내 인생이 달라지겠어?"

이런 핑계는 새벽 일찍 일어나지 않아도 되는 자기합리화로 굳어진다. 그 결과 갖가지 핑계로 이어져 타성에 젖은 생활에서 벗어나지 못한다. 그러면서 '내 인생은 왜 맨날 똑같을까?', '나도 성공하고 싶은데…' 하고 절망한다. 잠시만 생각해봐도 정말 어불성설이 아닐 수 없다.

지금보다 더 나은 인생을 설계하기 위해선, 특히 1인 기업가로서 성공하고자 한다면 새벽형 인간이 되어야 한다. 늦게 일어나는 저녁형 인간으로선 결코 성공할 수 없다. 1인 기업가에게 가장 중요한 시간조차 자신의 의지대로 컨트롤하지 못하는데, 어떻게 기업과 인생을 성공적으로 경영하겠는가.

아트스피치 김미경 원장은 한 TV 프로그램에서 새벽에 관해 이런 이야기를 했다.

"풀리지 않는 고민이 있으면 새벽 네 시 삼십 분에 기상하세요. 강력한 염원이 있는 사람이 아니라면, 그리고 정말 진정으로 원하는 무엇인가 있지 않은 사람이라면 새벽 네 시 삼십 분이라는 그 시간에 절대로 눈을 뜰 수 없습니다."

김미경은 무명 강사의 설움을 극복하고자 7년간 철저히 새벽형 인간으로 살았다. 새벽에 일어나 책을 보면서 강의를 만들고 연습을 계속하는, 수도승에 가까운 노력으로 그녀의 인생을 리모델링한 것이다. 그런 지독한 노력 끝에 지금 우리가 잘 아는 김미경이라는 브랜드가 탄생했다.

성공은 아침을 어떻게 시작하느냐에 달려 있다. 하루가 모여 한 달이 되고, 한 달이 모여 1년이 되고, 1년이 모여 10년이 되고 세월이 된다. 이렇게 생각해보면 결코 하루를 허투루 보낼 수 없다.

나는 새벽형 인간이다. 직장 생활만으로 내 삶을 마치지 않겠다고 결심한 후 저녁형 인간에서 새벽형 인간으로 전환했다. 그러자 내 생활에 놀라운 변화가 생겨나기 시작했다. 예전에는 아침 일곱 시가 넘어도 일어나는 일이 곤욕이었다. 하지만 지금은 새벽 다섯 시가 되면 절로 눈이 뜨인다. 기상 후 바로 찬물을 한 잔 마시고 샤워를 한 후 책을 읽거나 책을 쓴다. 그러다 보면 어느새 아침이 밝아오는데 마음이 그렇게 행복할 수가 없다. 회사에 출근하면서도 여유가 생겨 내면에서 자신감과 열정이 샘솟는다. 그래서 나는 사람들에게 새벽형 인간이 되어야 한다고 권유하고 있다.

새벽은 모든 생물의 탄생 시간이다. 특히 인시(새벽 세 시에서 다섯 시)는 만물을 생성하는 기운이 발생하고 여명(黎明)은 만물을 생성하는 에너지가 양기로 바뀌는 무렵이라 기혈이 순환되고 체력이 증가하는 시간이다. 이런 생체리듬을 타면, 눈에 보이지는 않지만 강한 긍정의 기운을 받을 수 있다.

새벽형 인간과 저녁형 인간은 마인드와 업무 스타일이 다르다. 저녁형 인간들은 출근 시간 몇 분을 남겨두고 숨이 턱까지 찬 채 뛰어와 어제 먹은 술안주가 묻은 와이셔츠를 입고 업무를 시작한다. 반면에 새벽형 인간은 새벽에 일어나 그날의 일정을 체크하면서 하루를 시작하므로 업무를 더욱 효율적으로 할 수 있다. 그러니 저녁형 인간과는 업무 성과 면에서도 확연한 차이가 난다.

1인 기업가를 꿈꾸는 사람이라면 반드시 새벽형 인간이 되어야 한다. 1인 기업가는 자신이 직원이자 오너이기 때문에 출근 시간과 퇴근 시간이 정해져 있지 않다. 자칫 긴장의 끈을 놓으면 하루를 비생산적인 일로 허비할 수 있다. 좀더 심하게 말하면 하릴없이 보내는 백수와 다를 바 없는 나날을 보낼 수 있다는 뜻이다.

내 주위에도 아침잠의 달콤함을 버리지 못하는 사람이 많다. 그들 가운데는 창의적인 일을 하는 이들도 더러 있는데 안타까움을 금할 수 없다. 창의적인 일을 하면서도 가장 열정적이고 창의성이 발휘되는 시간에 꿈나라에 가 있으니 말이다. 나는 이들은 자신의 눈부신 미래를 아침잠과 맞바꾸었다고 생각한다. 이들의 미래가 암울하리라는 것은 굳이 타임머신을 타고 미래로 가보지 않아도 잘 알 수 있다.

세계적인 동기부여 전문가인 앤드류 매튜스는 《마음 가는 대로 해라》에서 이렇게 말했다.

"새벽에 일어나서 운동도 하고 공부도 하고 사람들을 사귀면서 최대한으로 노력하고 있는데 인생에서 좋은 일이 전혀 일어나지 않는다고 말하는 사람을 나는 여태껏 본 적이 없다."

김태광 작가는 《천재작가 김태광의 36세 억대 수입의 비결, 새벽에 있다》에서 새벽 활용의 중요성에 대해 다음과 같이 말한다.

"시간이 지날수록 모든 분야에서 경쟁은 심해지게 마련이다. 경영자건 직장인이건 자신이 이끌거나 속해 있는 조직에서 퇴출당하지 않으려면 하는 일에 더욱더 충성해야 한다. 따라서 시간을 도둑맞는 저녁형 인간은 점점 설 자리를 잃어가게 마련이다. 이것이 오늘 당장부터 저녁형 인간에서 탈피해서 새벽형 인간이 되어야 하는 이유다."

보통 사람들은 평생 한 권의 책도 출간하기 힘든데 그는 마흔도 안 된 나이에 100권이 넘는 책을 썼다. 그의 이런 놀라운 성과는 남들이 헛되이 흘려보내는 새벽 시간을 알토란처럼 활용했기 때문이다. 그를 보면 시간이 왜 황금보다 더 귀한지 알 수 있다. 물질적인 것은 벌어서 채울 수 있지만 한 번 지나간 시간은 다시는 돌아오지 않기 때문이다. 시간이 흐른다는 것은 그만큼 인생을 바꿀 수 있는 시간이 줄어든다는 뜻과 같다.

그렇다면 어떻게 하면 달콤한 아침잠의 유혹을 이기고 새벽형 인간이 될 수 있을까? 다음 세 가지만 내 것으로 만들어보자. 그러면 좀더 쉽게 새벽형 인간으로 전환할 수 있다.

첫째, 새벽이라는 시간에 집중하지 말고 꿈에 집중하라.

한때 나는 막연한 꿈을 가지고 자기계발서적을 읽은 적이 있다. 새벽 기상에 관한 내용을 읽을 때 책을 건성으로 읽어서인지 작가가 말하는 새벽 기상 마인드 부분을 기억하지 못했다. 다음 날 실천에 돌입했다가 사흘 만에 포기하고 말았다. 오직 새벽 기상 시간에만 집중해서 곧 지친 것이다.

그 후 자기계발 강사, 자기계발서 작가를 꿈꾸면서 공부시간을 확보하기 위해 자동으로 새벽에 일어났다. 다음 날 새벽 기상에 치명적인 영향을 미치는 술자리를 피하고, 숙면을 위한 방법도 만들어 실천하고 있다. 새벽 네 시에서 다섯 시라는 시간에만 집중하지 말고, 꿈을 이루기 위해 확보해야 하는 시간에 집중하다 보면 자연스럽게 기상할 수 있을 것이다.

둘째, 기상 후 하루 계획을 기록하고 메모하라.

기상 후 하루 계획을 짜두면 긴장감이 생겨 다시 이불 속으로 들어가는 것을 방지할 수 있다. 또한 우선순위를 정할 수 있어 업무 효율을 높일 수 있다. 이처럼 하루를 계획하는 것만으로도 훨씬 생산적이고 농밀한 삶을 살 수 있다. 새벽 기상 후 시작하는 하루 계획은 일석삼조의 효과를 발휘하게 한다.

셋째, 나름의 의식을 만들어보라.

새벽 기상은 분명 고되고 힘든 일이다. 그래서 치열한 자신과의 싸움이라고 말한다. 나는 새벽에 일어났을 때 자신만의 간단한 의식을 만들어볼 것을 권하고 싶다. 잠과 일어남의 경계를 분명히 긋는다면 자신과의 싸움에서 이길 수 있다.

앞에서 말한 김태광 작가는 샤워를 하고 찬물을 먹는 의식을 하고, 공병호 소장은 향을 피워서 새벽을 깨운다고 한다. 나름대로 이야기를 만들어 간단한 의식을 만들어보면 어느 순간 그 간단한 의식이 성공의 신을 부르는 의식이 될 것이다.

새벽은 누구도 빼앗을 수 없는 오롯이 나를 위해 쓸 수 있는 소중한 시간이다. 새벽 시간에는 가장 에너지가 왕성할 뿐 아니라 창의성이 극대화된다. 무엇보다 업무 중에는 여기저기에서 찾는 전화와 문자메시지, 카톡이 빗발치겠지만 새벽 시간만큼은 고요하다. 그러니 이때 가장 중요한 일을 해나가면 인생이 달라진다.

나는 새벽 시간을 활용해 나 자신과 진지한 대화를 한다. 사실 일상에 치여 살다 보면 자신과 조우할 수 있는 시간이 거의 없다. 그런데 고요한 새벽 시간에 자신과의 진지한 만남을 통해 앞으로의 방향이나 자신의 강점과 약점 등에 대해 생각하는 시간을 가진다면 훨씬 성숙하고 발전적인 인생을 살아갈 수 있다.

아침을 지배하는 사람이 인생을 지배한다. 1인 기업가가 되려는 목적 가운데 하나는 눈부신 인생을 살기 위함이다. 그러기 위해선 먼저 하루를 지배하는 새벽형 인간이 되어야 한다.

:: **07** ::

지독한
책벌레가 되라

한 기자가 어느 유명한 요리사에게 물었다.

"선생님, 환상적인 음식의 요리 비법은 무엇인가요?"

요리사는 이렇게 대답했다.

"최고의 재료 80퍼센트에 저의 정성입니다."

요리 비법으로 80퍼센트가 최고의 재료라고 꼽은 것은 그만큼 맛있는 요리는 식재료의 신선함이 중요하다는 뜻이다. 사실 아무리 뛰어난 실력의 요리사가 있더라도 재료가 완벽하게 갖추어져 있지 않거나 신선도가 떨어진다면 최상의 맛을 낼 수 없다.

이를 간단하게 한 문장으로 요약하면 '최고의 인풋이 있어야 최고의 아웃풋이 나온다'가 될 것이다. 21세기 부(富)의 원천이 지식에 있다는 것은 익히 들어서 알고 있는 사실이다. 페이스북 창업자인 마크 주커버그와 트위터 공동 창업자인 잭 도시 같은 젊은이들이 지식을 바탕으로 엄청난 부를 만든 것과 같은 일은 이제 심심찮게 접할 수 있다. 세상에는 수많은 성공자가 있지만, 나는 특히 이들에게 환호를 보내고 열광한다. 나처럼 젊은이들인데다 하나같이 지식이라는 자산을 바탕으로 위대한 성공을 이룩했기 때문이다.

앞으로 갈수록 재화와 같은 자본보다 지식 자본이 더 중요해진다. 지식 자본을 축적하기 위해선 독서를 통해 인풋을 늘려야 한다. 한 권의 책에는 그 책을 쓴 작가의 지식과 정보, 삶의 지혜와 철학이 고스란히 담겨 있다. 따라서 책 한 권을 읽으면 작가의 일생을 엿보는 것과 같다. 그래서 나는 틈틈이 독서를 통해 다양한 지식과 정보, 지혜를 축적하기 위해 노력하고 있다.

무엇보다 1인 기업을 경영하고 있거나 1인 기업을 꿈꾸는 사람이라면 보통 사람들보다 치열하게 책을 읽어야 한다. 즉, 지독한 책벌레가 되어야 한다는 말이다. 1인 기업은 말 그대로 나 혼자서 내가 가진 지식과 정보, 지혜를 상품화하여 시장에 파는 것이다. 그런 만큼 다양하고도 방대한 지식을 갖추고 있어야 한다. 다양한 인풋이 양질의 아웃풋을 낳기 때문이다.

때로 책 속에 담겨 있는 한 문장이 위기나 슬럼프에 빠진 나를 구해줄 수 있고, 심지어는 운명까지 바꿀 수도 있다. 성공자들 가운데 대부분이 독서광이라는 사실이 이 점을 증명한다. 그들은 아무리 바빠도 하루 중 책 읽는 시간은 반드시 정해둘 정도로 책을 가까이한다.

성공하는 1인 기업가를 꿈꾸는 나는 책을 읽을 때가 가장 행복하다. '나에게로 떠나는 여행'이 가능하기 때문이다. 책을 읽으면서 사색도 하고 나를 돌아보게 된다. 지금 나의 강점과 약점은 무엇인지, 지금 나에게 가장 중요한 일은 무엇인지, 인생을 제대로 살고 있는지 점검하게 된다.

책이 주는 유익함은 이루 말할 수 없이 많지만, 무엇보다 나보다 먼저 꿈을 이루고 성공한 사람들의 발자취를 더듬어감으로써 시행착오를 줄일 수 있다는 점이 있다. 그것만으로도 엄청나게 큰 유익이라고 생각한다. 둘러 갈 것을 곧장 가게 해주기 때문이다. 그래서 책 속에서 길이 있다는 말이 생겨났으리라.

세계적인 1인 기업가이며 동기부여가인 앤서니 라빈스. 그는 저서 《네 안에 잠든 거인을 깨워라》, 《무한능력》을 집필하기 전에 700권에 달하는 책을 읽었다. 그런 인풋이 있었기에 자신만의 프로그램을 만들어 세계적인 1인 기업가로 거듭날 수 있었다. 일본 대표 기업 소프트뱅크의 창업자 손정의 대표는 병원에 입원한 2년 동안 무려 3,000권의 독서로 1조 엔이 넘는 사업을 구상하며 미래를 철저히 준비했다고 전해진다.

미래학자 앨빈 토플러는 그가 집필한 《미래쇼크》는 359권, 《제3의 물결》은 534권, 《권력이동》은 580권의 책을 인용했다고 밝혔다. 그 책들을 통해 통찰력을 기르고 세계적인 미래학자로 거듭났다. 유명한 책벌레이자 '시골의사'로 불리는 박경철 의사는 인문과 경제, 주식투자, 의학 등 장르를 뛰어넘는 지식을 자랑한다. 그의 다양한 지식은 1년간 500권에 달하는 책을 읽는 습관을 20년간 실천한 결과물이다. 인문광고학자로 알려진 《책은 도끼다》의 저자 박웅현은 다독이 아니라 깊이 있는 정독으로 광고계에서 아이디어 뱅크로 통한다. 이처럼 책은 사고의 혁명이 일어나게 하는 원료이자 삶의 지혜를 제공하는 실마리로, 성공자 중에는 독서광이 아닌 사람이 없다.

1인 기업가에게 독서는 선택 사항이 아니라 필수 사항이다. 그저 보통 사람들에 비해 평균 이상을 읽는 수준을 넘어서 지독할 정도로 책벌레가 되어야 한다. 특히 지식을 바탕으로 상품을 만들어내는 1인 기업가의 성패는 독서로 시작해서 독서로 끝난다고 해도 과언이 아니다. 오히려 배우자보다 더 아끼고 사랑해야 한다. 그래야 다양한 인풋으로 양질의 아웃풋을 낳을 수 있다.

지식 상품은 정보를 바탕으로 만들어진다. 그리고 1인 기업가는 그 지식 상품으로 먹고사는 사람들이다. 따라서 넘쳐나는 정보의 홍수 속에서 양질의 지식으로 시장에서 생존을 넘어 최고가 될 수 있는 상품을 만들어내기 위해선 가장 신선한 재료들을 갖춰놓아야 한다. 그래야 최상의 음식, 즉 상품을 만들어낼 수 있다.

1인 기업가는 대기업이 뛰어들 수 없는 분야에서 개개인에게 맞는 맞춤형 상품을 개발해 문제를 해결해준다. 덩치가 큰 기업이 해결하지 못하는 문제를 1인 기업이 속 시원하게 해결해주기 때문에 1인 기업이 성장하게 되는 것이다. 그런 문제 해결력을 키우기 위해선 평소 꾸준한 독서를 통해 양질의 인풋을 늘려야 한다.

책벌레가 되어야 하는 또 다른 이유가 있다. 책벌레가 되면 짧은 시간에 정확하고 꼭 필요한 정보를 필터링하는 능력을 기를 수 있다는 것이다. 이 능력은 1인 기업가에게 매우 중요하다. 책을 쓰고, 요청받은 강연을 준비하기 위해선 내가 알고 있는 지식과 정보만으로는 부족하다. 따라서 각 상황에 맞는 콘텐츠를 확보해야 하는데 주로 책과 신문, 잡지, 인터넷에서 찾게 된다. 이때 필요한 것이 바로 필터링 능력이다. 1인 기업가들은 하나같이 독서를 통해 지식과 정보의 분별력을 키우고, 필터링한 정보를 자신의 것으로 가공하는 능력을 확장한다. 그래서 몸이 열 개라도 시간이 모자라는 상황에서조차 책 읽기를 멈추지 않는 것이다.

갈수록 새로운 지식을 빠르게 활용하는 1인 기업가만이 살아남을 수 있다. 따라서 무언가를 결합하여 새로운 것을 창조하는 통섭 능력이 정말 중요하다. 더욱이 우리는 지금 인문학과 자연과학이 합쳐지는 통섭의 시대에 살고 있지 않은가. 세상은 눈부시게 변하는데 통섭 능력이 부족해 이를 따라잡지 못하는 1인 기업가는 도태되게 마련이다.

GE의 창업주이자 발명가였던 에디슨은 책으로 통섭을 만드는 창의력에 대해 이런 말을 했다.

"뭔가를 발견하고 싶을 때면 먼저 책을 찾아 읽는다. 과거에 누군가가 쓴 모든 것을 샅샅이 뒤져서 읽는다."

초등학교도 나오지 않은 에디슨이 축음기, 전구, 영사기를 비롯해 3,500여 점의 발명품을 세상에 내놓을 수 있었던 것 역시 독서에서 비롯되었다고 할 수 있다.

자신의 고객을 꾸준히 연구하는 노력과 우연히 또는 의도적으로 읽은 책 읽기가 결합될 때 세상을 바꾸는 기발한 생각이 나온다. 기발한 아이디어로 자신의 분야에서 선구자가 되고 싶은 1인 기업가는 취미 독서가 아닌 치열한 생존 독서를 지향해야 한다.

아직 독서가 습관화되지 않은 사람은 독서 기술에 관한 책들을 참고하길 권한다. 1인 기업가에게 필요한 독서 기술 몇 가지를 여기 소개한다.

첫째, 의도적으로 책을 가지고 다녀라.

이런 명언이 있다.

"진정으로 책을 읽고 싶다면 사막에서나 사람의 왕래가 잦은 거리에서도 할 수 있고, 나무꾼이나 목동이 되어서도 할 수 있다."

이처럼 책은 마음가짐에 따라 언제 어디서든 읽을 수 있다. 유명한 1인 기업가들을 보면 상상을 초월하는 살인 스케줄 속에서도 습관적으로 책을 읽는다. 그리고 그 책에서 다음에 쓸 책의 콘셉트를 찾고, 강연에 대한 아이디어와 영감을 얻는다. 책의 유익함에 대해 누구보다 잘 알기에 자투리 시간도 아껴가며 책을 보는 것이다.

이런 습관을 들이기 위해 어딜 가든 꼭 책을 가지고 다녀라. 나는 가방에 책 한두 권을 반드시 넣어 다닌다. 그렇게 하면 누군가를 기다릴 때, 은행 업무를 볼 때 지하철이나 버스를 탈 때 같은 자투리 시간에 몇 페이지, 하다못해 몇 문장이라도 읽을 수 있다.

둘째, 화두에 따라 독서 스타일을 바꿔라.

변화는 절대로 한 분야에서만 일어나지 않고 전 분야에 걸쳐 일어난다. 수평 독서를 통해 여러 분야를 섭렵하여 시대의 트렌드를 읽어야 한다. 트렌드를 읽은 후 화두를 집중적으로 공부할 수 있는 수직 독서로 전환하는 것이다.

이지성 작가는 《독서천재가 된 홍대리》에서 한 분야에서 전문가가 되기까지는 30년이란 시간이 걸리고, 30년 내공이 쌓인 전문가가 쓴 책 100권을 독파하면 3,000년의 내공을 가진다고 말한다. 수직 독서를 할 때는 100권을 읽겠다는 맹렬한 자세를 가져야 한다. 이런 수직 독서는 짧은 시간 안에 또 다른 분야에서 자신을 전문가로 만들어줄 것이다.

셋째, 책을 무자비하게 대하라.

책은 저자의 지혜와 철학이 담긴 소중한 물건이다. 하지만 소중하다고 해서 손때가 묻을까 봐 노심초사해가며 읽어선 안 된다. 이럴 경우 내가 책을 소유한 것이 아니라 책이 나를 소유한 것이 된다. 중요한 문구가 있으면 과감하게 밑줄을 긋고 여백에 메모해야 한다. 때로 페이지 귀퉁이를 접을 수 있어야 한다. 책을 효율적으로 활용해야 하는 1인 기업가는 책을 대할 때 철저히 갑의 입장이 되어야 한다. 책을 무자비하게 활용하여 저자의 지식과 정보, 지혜와 철학을 모두 내 것으로 만들어야 한다.

나는 '꾸준한 책 읽기를 하지 않는 강사는 청중을 기만하는 것'이라고 생각한다. 강사는 강연료를 받고 자신의 지식과 정보, 지혜, 철학을 강연이라는 상품에 담아서 청중에게 파는 사람이다. 그런데 평소 독서를 하지 않는다면 청중에게 시대에 뒤떨어진 상품을 파는 셈이다. 청중이 처음에는 눈치채지 못하더라도 시간이 지나면 부족한 실력이 들통 나게 되어 있다. 이때부터는 내리막길을 걷게 된다.

1인 기업가로 활동하고 있거나 1인 기업가가 되고자 한다면, 최고의 1인 기업가가 되겠다는 꿈을 가져야 한다. 그러기 위해선 지금부터 지독하리만치 책을 읽어야 한다. 책을 통해 자신을 부단히 업그레이드시켜 경쟁자들을 뛰어넘는 상품을 만들어야 한다.

08

지식 상품을
만드는
노하우를 익혀라

1인 기업가에게 필요한 여러 능력 중에서 트렌드를 읽어내는 능력은 매우 중요하다. 트렌드를 제대로 파악할 수 있어야 가치 있는 지식 상품을 만들 수 있기 때문이다. '모든 건 시장으로 통한다'라는 마케팅 분야 불변의 진리처럼 아무리 좋은 상품을 만들더라도 시장에서 통하지 않으면 쓰레기 취급을 받게 된다.

며칠 전 20~30대들을 대상으로 하는 특강에서 이렇게 말했다.

"1인 기업가는 시대를 지나치게 앞서 가는 괴짜 발명가가 아닙니다. 철저히 시장과 함께 걸어가는 사업가라고 할 수 있어요. 트렌드를 제대로 읽고 시장에 맞는 지식 상품을 만드는 훈련을 해야 합니다."

트렌드를 읽는다는 것은 기회를 포착한다는 말이다. 트렌드를 제대로 볼 줄 모르는 1인 기업가는 항상 헛다리를 짚거나 경쟁자에 비해 한발 늦게 된다. 그러니 아무리 시간을 들이고 피땀 흘려 노력해본들 시장에서 통하지 않는다. 허송세월만 하게 되는 것이다.

흔히들 '성공은 기회를 잡는 것'이라고 말하지만, 기회는 자신이 기회라고 동네방네 떠들면서 오지 않는다. 주식 시장에서 곧 오른다고 소문이 나면 이미 그 종목에는 투자가치가 없다고 보듯, 지식 상품 또한 돈이 되고 유망할 거라는 이야기가 나오면 이미 늦은 것이다. 이미 더 높은 곳에서 독수리의 매서운 눈으로 기회를 읽고 움직이는 사람들이 있기에, 그들이 먹고 남긴 뼈다귀만 줍게 된다.

그런데 안타까운 것은 기회를 읽는 능력은 학교 같은 교육기관에서 배울 수 없다는 것이다. 현시대의 교육기관은 철저히 증명되고 논리적으로 설명될 수 있는 것만 가르치기 때문이다. 그러니 평소에 사물의 본질을 관찰하는 훈련을 하고 독서나 신문, 잡지, 뉴스 등을 통해 트렌드를 파악하는 능력을 키워야 한다. 여기에다 직관을 높이는 훈련을 함께 한다면 스쳐 지나가는 기회를 내 것으로 만들 수 있다.

잠들기 전 30분 독서습관으로 유명한 세계적인 부호 리자청 청콩 그룹 회장이 있다. 과거에 그는 독서를 통해 시장에 통용되는 상품을 만드는 노하우를 익혔다고 한다.

어느 날 그가 공부를 마치고 잡지를 보고 있는데 '플라스틱'이라는 제목의 글이 눈에 띄었다. 내용은 곧 플라스틱 조화가 미국 시장으로 진출한다는 간단한 글이었다. 순간 그의 머릿속에는 생화는 매일 물을 주고 가끔은 흙도 갈아줘야 하는데 갈수록 바쁜 현대인들은 그럴 시간이 없을 거라는 생각이 떠올랐다. 여기에 생각이 미치자 플라스틱 조화의 시장성도 충분히 있다는 판단이 들었다. 그렇게 그는 플라스틱 조화 시장의 잠재성을 포착하고 과감한 투자로 청콩 그룹을 세계적인 기업으로 키우는 기틀을 마련했다.

리자청 회장이 성공할 수 있었던 것은 평소 자신의 분야에서 시장을 선도할 수 있는 훈련을 했기 때문이다. 그 훈련은 책과 신문, 잡지 등을 통해 시장의 트렌드를 파악하고 그에 맞는 상품을 개발하는 것이었다.

나는 1인 기업가를 꿈꾸는 사람들에게 '지식 상품을 만드는 노하우를 익혀야 한다'고 조언한다. 지식 상품의 성패는 철저히 시장의 수요에 따라 결정난다는 것을 기억해야 한다. 시장에 답이 있다. 자신이 가진 지식과 현 트렌드에 대해 깊이 있게, 폭넓게 연구해야 한다. 많은 사람이 이 과정에서 포기하거나 어중간한 지식으로 대충 상품을 만들어내는데, 그래서는 1인 기업의 세계에서 자신을 퇴출시키는 결과밖에 얻지 못한다.

먼저, 자신이 만들고자 하는 지식 상품의 콘셉트를 정확히 해야 한다. 그다음으로는 소비자를 위한 확실한 솔루션을 담아야 한다. 그래야 소비자들에게 높은 가격으로 공급할 수 있다. 지식 상품은 주로 텍스트나 음성으로 판매된다. 다시 말해 기성품이 아니어서 충분히 변형될 수 있다는 얘기다. 정해진 공식 가격이 없기 때문에 가격도 천차만별인데, 확실한 솔루션이 담겨 있지 않으면 소비자들은 절대 지갑을 열지 않는다. 실질적으로 도움이 되는 지식 상품을 만들어야 판매가 되며, 질이 높을수록 높은 가격을 받을 수 있다. 더욱이 그러할 때에만 시간이 지날수록 나를 찾는 사람이 늘어나면서 몸값이 높아진다.

자신의 상품에 가치나 독특함이 있다 해도 검증을 받는다는 게 쉬운 일은 아니다. 그래서 직장에 다닐 때 자신이 만들고자 하는 지식 상품을 검증받아야 한다. 가고자 하는 분야의 지식 상품으로 최소한의 수입을 올리는 노력을 해야 한다. '투잡'은 돈을 위한 목적이지만 시장 검증은 미래를 위한 반드시 필요한 과정이다.

나 역시 퇴근 후 시간이나 주말을 활용해 강연 등을 통해서 지식 상품으로 작은 수입이나마 올리기 위해 노력했다. 그 일에서 중요한 것은 당장의 수입이 아니었다. 내 강연을 듣는 청중의 반응을 살펴봄으로써 내가 가지고 있는 지식 상품의 경쟁력을 알아보는 데 중점을 두었다. 어떤 상품은 스토리를 더욱 강화해서 감동을 이끌어냈고, 어떤 상품은 불필요한 내용을 삭제함으로써 임팩트 있게 업그레이드했다.

자신이 가진 지식 상품을 좀더 빨리 세상에 알리고자 한다면 언론을 활용해보라고 권하고 싶다. 언론에 자주 노출되면 그만큼 인터넷을 통해 확산되어 많은 사람이 알게 되기 때문이다. 또한 언론에 노출함으로써 '나'라는 브랜드를 홍보하면 그 지식 상품을 구매하고 싶어하는 고객을 만날 수 있다.

1인 기업을 꿈꾸는 사람은 언론에 자신을 적극적으로 알려야 한다. 그러려면 어떤 방법이 있을까? 먼저 칼럼 기고를 하겠다며 정중히 메일을 보내는 것도 한 방법이다. 그 안에 자기 생각이나 상품을 담아서 말이다. 홈페이지를 제작하는 데는 시간이 많이 걸리고 들고 초기 비용이 들어가지만 블로그나 카페 운영은 비용이 아예 들지 않는다. 블로그, 카페를 만들어 지식 상품을 홍보하면서 시장의 반응을 지켜보는 과정도 도움이 된다.

또한 초창기 홍보를 하거나 평가를 받기 위해 재능기부 형식으로 자신의 상품을 고객에게 무료로 제공하는 것도 바람직하다. 콘텐츠만 훌륭하다면 자연히 몸값이 높아지고, 어느 순간 강연료가 시간당 수백만 원을 호가하는 명강사로 자리 잡게 된다.

길거리 위치기반 지역정보서비스인 '플레이스트리트'라는 실사

기반형 서비스를 제공하는 벤처기업 레인디 김현진 대표. 그는 중학교를 졸업하고 아버지의 도움으로 호주로 유학을 갔다. 그런데 유학 3개월 만에 가세가 급작스럽게 기울어 돈이 되는 아르바이트라면 닥치는 대로 해야 했다. 한 번은 우연히 친구의 유학을 도왔는데, 그 과정에서 학교 측으로부터 일종의 소개료로 돈을 받게 되었다. 그때 그는 자신이 가진 유학 지식이 돈이 된다는 걸 자각했다.

당시 대부분 유학 컨설팅은 사업적으로 접근했기 때문에 학생들의 실정에 맞지 않았다. 그는 주변 상황을 조사하여 시장을 파악하고 유학컨설팅 회사를 차렸다. 그의 나이 열일곱 살 때였다. 사업 자본은 순전히 김 대표가 경험한 유학 지식과 고객을 설득하는 언변뿐이었다. 하지만 시간이 지나자 입소문이 나면서 1년 만에 컨설팅을 요청한 회원이 500명으로 늘었다. 열여덟 살에 4억 5,000만 원의 매출을 올리는 1인 기업가로 성장한 것이다.

그 후 귀국하여 호주에서 했던 사업가적 자신감으로 벤처기업을 차렸다. 그리고 벤처경력 16년을 바탕으로 많은 청년에게 강연을 하는 1인 기업가로 활약하고 있다. 그는 시장을 읽는 능력과 자신의 유창한 영어와 유학에 관한 지식을 상품으로 개발한 덕분에 한국은 물론 세계를 상대로 하는 성공한 사업가로 자리 잡을 수 있었다.

《영혼을 위한 닭고기 수프》는 모르는 사람이 없을 정도로 세계적인 베스트셀러다. 책이 워낙 유명하므로 사람들은 아무런 어려움

없이 출간되었을 거라고 생각한다. 하지만 그렇지 않다. 공동 저자인 잭 캔필드와 마크 빅터 한센은 자신들의 지식을 책이라는 상품으로 시장에 내놓기 위해 숱한 시련을 겪어야 했다. 출판사로부터 무려 350번이나 거절을 당했으며, 우여곡절 끝에 출판이 되었음에도 판매는 저조하기만 했다. 두 사람은 고심 끝에 성공한 이들을 만나 조언을 구했다. 그때 한 교사로부터 '매일 도끼질을 다섯 번씩 꾸준히 하면 크기가 어떻든 간에 쓰러지지 않는 나무는 없다'는 조언을 들었다. 그 후 매일 다섯 가지 일을 실천하기로 했다. 라디오 인터뷰를 다섯 번 하거나, 책에 대해 비평을 해줄 기자 다섯 명에게 책을 보내거나, 다섯 곳의 마케팅 회사에 동기유발에 좋을 거라는 메시지와 함께 책을 보냈다.

그 후에도 책과 관련한 강연을 무료로 해주고, 서점에서 책 낭독 행사를 열었으며, 기업가들에게는 직원들을 위해 구매해줄 것을 적극 권했다. 심지어 군대 PX에도 납품하고, 다른 사람의 강연장에서도 책을 판매했다. 이런 각고의 노력을 2년간 지속하면서 입소문이 나 베스트셀러가 되었고 우리에게까지 알려진 것이다. 이처럼 지식 상품을 만드는 비결은 자신을 세상에 알리는 데 있다.

갈수록 1인 기업가들은 늘어날 전망이다. 따라서 머지않아 내 이름으로 된 1인 기업을 차리기를 원한다면 지금부터라도 내가 가진 지식을 상품으로 만드는 노하우를 익혀야 한다. 그 노하우는 분야에 따라 다르지만, 현 트렌드를 읽고 그에 맞는 상품을 만드는 과정은 비슷하다.

좀더 빠르면서도 시장에 통하는 지식 상품을 만들고 싶다면 내가 가고자 하는 분야에서 먼저 성공한 1인 기업가들의 지식 상품을 연구하고 분석해보라. 그러면 그들의 강점과 약점이 보일 것이다. 그다음 내가 가진 지식을 그들보다 더 경쟁력 있는 상품으로 만들면 된다. 직장에서 밥벌이가 가능한 지금부터 차근차근 준비해나간다면 1인 기업을 시작했을 때 오래지 않아 사람들의 입에 오르내리는 1인 기업가로 자리매김할 수 있을 것이다.

09

강점이 되는
스토리를
개발하라

나는 강연장에서 20대 여성들과 꿈에 대한 이야기를 나눌 기회
가 많다. 그들과 대화를 나눠보면 오지 여행가이자 베스트셀러 작
가인 한비야 씨에 대한 이야기를 자주 듣게 된다. 재미있는 건 연
령대별로 그녀에 대한 생각이 다르다는 것이다. 20대 초반 여성들
은 "한비야처럼 살 거야" 하고 다짐하지만, 20대 중 · 후반만 되면
"한비야처럼 살고 싶었는데…"라며 아쉬움을 토로한다. 20대 여성
들이 그녀를 닮고 싶어하는 것은 모험정신과 봉사정신을 넘어 흥
미롭고 희망을 주는 '한비야 스토리' 때문이다.

나는 한비야가 지금처럼 베스트셀러 작가에다 월드비전 세계시

민학교 교장, 한국국제협력단 자문위원을 맡으며 행복한 인생을 살 수 있는 것은 세계 오지를 여행한 스토리가 있기 때문이라고 생각한다. 그녀는 자신의 오지 여행 스토리를 여행 에세이《바람의 딸 걸어서 지구 세 바퀴 반》으로 출간해 베스트셀러 작가로 거듭났다.

성공하는 1인 기업가가 되기 위해선 나만의 강점과 스토리를 가져야 한다. 이 두 가지를 갖추지 못했다면 '나'라는 브랜드 가치를 높일 수 없다. 그래서 나는 사람들에게 종종 이렇게 조언한다.

"누구도 가지 않았던 길을 결정하고 실행에 옮긴 나만의 스토리나 보통 사람들은 경험하지 못한 시련과 역경 극복기에 관한 스토리가 있다면 세상에 나를 알리는 강력한 홍보와 마케팅 수단이 됩니다."

잘나가는 대한민국 대표 1인 기업가들을 보면 하나같이 자신만의 스토리가 있음을 알 수 있다. 즉, 이 말은 그들만의 스토리가 지금의 브랜드를 만들었다는 뜻이다.

유럽 미래학회의 자문위원인 롤프 옌센은 '꿈과 감성을 파는 사회'라는 부제의 저서《드림 소사이어티》로 우리나라에도 잘 알려졌다. 책에서 그는 덴마크에서는 방목한 암탉이 낳은 달걀이 좁은 닭장 안에서 사는 닭이 낳은 달걀보다 20퍼센트가 비싼데도 시장점유율이 50퍼센트를 넘는다며, 이에 대해 다음과 같이 이야기한다.

"소비자들은 덧붙여진 이야기에 대해 15~20퍼센트의 높은 가격을 지불하며 (…) 동물복지와 시골풍의 낭만주의가 성공하게 될 것이다. 달걀 시장은 새로운 국면을 맞게 되었다. 규격화된, 최소한의 비용으로 대량생산된 달걀은 더는 나오지 않게 된다."

좁은 닭장 안에 갇힌 채 생산되는 달걀에는 아무 스토리가 없어서 곧 소비자들로부터 외면당한다는 얘기다.

그렇다. 달걀이건 물건이건 감동적인 스토리를 덧붙인다면 다른 경쟁 상품의 가격에 비해 20퍼센트를 더 받을 수 있다. 이것이 바로 브랜드 가치를 높여주는 스토리의 힘이다.

시련이 담겨 있는 스토리를 상품화해 위기를 극복한 사례가 있다. 사과를 주요 수입원으로 하는 일본 아오모리 현에 어느 해 강력한 태풍이 불어닥쳐 수많은 사과가 떨어지고 말았다. 다행히 떨어지지 않은 얼마간의 사과를 가지고 마을 사람들이 모여 아이디어를 모으는데, 한 사람이 태풍에도 떨어지지 않았으니 '합격사과'라 해서 판매할 것을 제안한다. 그리하여 '태풍에도 떨어지지 않은 합격사과'라는 스토리를 만들어 보통 사과의 10배 가까운 가격을 매겼다. 그 사과가 인기리에 판매되어 위기를 극복했음은 물론 더 많은 수익을 창출할 수 있었다.

현대인들은 같은 품질이라면 가격이 비싸더라도 브랜드 가치가 높은 상품을 사고 싶어한다. 즉, 지금은 브랜드 시대라는 말이다.

브랜드 가치가 높은 개인이나 기업은 누구나 이름이나 상표만 보고도 그 회사를 떠올리고 신뢰한다. 잘나가는 1인 기업가나 대기업들은 그렇지 않은 경쟁 기업들에 비해 브랜드 가치가 월등하게 높다.

베스트셀러 제품에는 스토리와 브랜드 가치가 담겨 있다. 그 물건을 쓴다는 것은 그 물건에 담겨 있는 스토리를 소비하는 것이라 해도 과언이 아니다. 1인 기업도 단순한 솔루션 제공을 넘어서 소비자에게 자신만의 스토리를 팔 수 있어야 한다. 더욱이 나만의 경험을 스토리로 만들어 상품화하거나 상품 안에 스토리를 담는다면 그 이야기를 듣는 것만으로도 소비자들은 기꺼이 지갑을 열게 된다.

꿈과 희망을 심어주는 한비야의 스토리나 아오모리 현 사과 스토리는 무척 강력한 스토리에 속한다. 스토리 자체에 경쟁자가 없기 때문이다. 즉, 세상에 단 하나뿐인 가슴 뭉클한 이야기라는 얘기다. 최고의 상품을 만들기 위해 그저 기능만 가지고 경쟁한다면 순위는 언제든지 뒤집힐 수 있다. 하지만 자신만의 스토리가 있다면 오직 하나뿐인 가치 있는 상품이 된다. 그래서 1인 기업가라면 반드시 자신만의 강점과 스토리를 개발해야 한다. 지식 상품을 파는 1인 기업에게 자신만의 스토리는 경쟁자가 존재할 수 없는 블루오션이기 때문이다.

나만의 스토리를 가진 1인 기업가는 동종 업계에서 조연이 아닌 주연이 될 수 있다. 김정태 작가는 《스토리가 스펙을 이긴다》에서 스토리를 가진 사람이 인생의 주연이 되는 이유를 다음과 같이 말한다.

"나만의 스토리를 만들겠다는 것은 내 삶에 충실하겠다는 의지이며 사람을 끌리게 하는 스토리는 바로 충실한 삶의 증거이다. 사람들은 그런 스토리가 있는 사람들과 함께 일하고 싶어하고, 함께 성취하고, 함께 기뻐하고 싶어한다. 스토리는 사람의 가능성을 신뢰하게 하는 유일한 힘이다. 그래서 스토리가 있는 사람에게는 기회가 찾아오기 마련이다."

스토리를 만드는 것은 내 삶에 충실하겠다는 의지일 뿐 아니라 인생을 주연으로 살겠다는 다짐이기도 하다. 그래서 감동적인 스토리를 가진 사람을 만나보면 그렇지 않은 사람에 비해 꿈에 대한 확신과 열정이 강하다는 것을 알 수 있다. 특히 '나'라는 브랜드 파워를 키워야 하는 1인 기업가에게 스토리는 반드시 필요한 경쟁력이다. 나만의 스토리는 명함 속의 화려한 타이틀보다 '나'를 더 오래도록 기억하게 한다. 이것이 바로 스토리가 스펙을 이기는 이유다.

스토리를 개발하려면 어떻게 해야 할까? 다음의 몇 가지 스킬만 익히더라도 나의 강점이 되는 스토리를 만들어낼 수 있다.

첫째, 스토리는 생각보다 멀리 있지 않다.

신경숙 작가의 《엄마를 부탁해》는 지극히 평범한 우리 어머니 이야기다. 어머니라는 스토리는 누구나 공감하고 감동을 느끼는 이야기다. 그래서 한국은 물론 전 세계로 팔려나가고 있다. 또 중년 연예인들의 결혼 생활을 풀어낸 이야기들이 공중파를 타고 안방극장을 차지하고 있다. 우리가 흔히 겪을 수 있는 문제, 누구나 안고 있는 문제를 풀어내 시청자들의 공감을 얻고 있는 것이다.

스토리가 통하려면 공감을 이끌어내야 한다. 결국 공감 가는 스토리는 권위 있는 학자의 책에 있지 않고 동네 슈퍼 아저씨의 이야기에 있다는 것이다. 자신의 소소한 일상을 잘 살펴보고 공감 스토리를 만들어보자.

둘째, 에피소드 사냥꾼이 되어야 한다.

많이 듣고, 많이 보고, 많이 모으는 사람이 스토리도 잘 만든다. 지인 중에 입담이 강해 인기가 높은 사람이 있다. 술자리에서 그 앞에 있으면 웃느라고 시간 가는 줄 모른다. 비결을 물어보니 지방 출장이 잦고 운전을 많이 하는 직업에 종사해서 에피소드를 얻을 기회가 많다고 대답한다. 출장 중일 때 쉬는 날이면 그 지역의 유명한 곳을 돌아다니며 특색을 익히고, 운전을 할 때는 입담이 강한 MC들이 진행하는 라디오를 들으면서 재미있는 사연은 기억을 해놓는다고 했다. 그러고는 다음 날 직원들에게 리얼하게 소개해준다. 직원들의 반응이 좋으면 메모를 했다가 친구들에게 하면서 또 반응을 본다. 그렇게 3년을 해놓으니 남의 이야기도 마치 자신의 이야기처럼 재미있게 풀어내게 된 것이다.

그는 여러 개의 노트에 500가지가 넘는 소소한 일상 속 유머와 이야기를 모아두었다고 한다. 에피소드를 모으는 것만으로도 나만의 스토리를 만드는 데 또 하나의 소재가 된다는 것을 기억하자.

셋째, 감동을 주는 스토리의 기본 법칙을 이해하자.

괜찮은 소설, 괜찮은 영화에는 기본 구조가 있다. 구조에 충실하면서 이야기를 만들어보자. 감동을 주는 스토리에는 여섯 가지 기본 법칙이 있다.

① 자기 공개

② 인간적 공감 확보

③ 현실과 이상의 차이

④ 실패를 통한 공감 확대

⑤ 극복을 위한 노력

⑥ 결과를 떠나서 얻게 되는 교훈, 느낀 점

누구에게나 시련과 역경을 극복한 크고 작은 경험들이 있다. 일상 생활의 소소한 내용도 괜찮다. 소소한 내용일수록 청중은 더욱 공감하게 마련이다. 이런 스토리를 활용하여 5분 스피치에서부터 3시간 강의까지 고무줄처럼 늘이거나 줄일 수 있다.

스토리에는 사람의 마음을 움직이는 힘이 있다. 그래서 누군가를 설득할 때 감동적인 스토리를 곁들인다면 훨씬 쉽게 내 편으로 만들 수 있다. 1인 기업도 마찬가지다. 강점이 되는 나만의 스토리를 많이 가질수록 청중을 내 편으로 만들 수 있을 뿐 아니라 '나'라는 브랜드 가치가 상승하게 된다.

마지막으로 이창용 등이 함께 쓴《이야기의 힘》에 나오는 다음의 말을 기억해보자.

"사람의 마음을 움직이는 것은 화려한 언변도 논리적인 설득도 아니다. 그것은 '이야기'라는 옷을 입은 진실이다. 때론 어눌할지라도 당신만이 줄 수 있는 이야기는 대화의 거리와 말의 벽을 넘어, 그 사람의 가슴으로 스며든다."

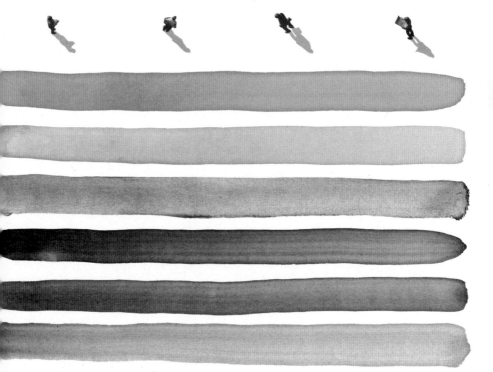

5장

1인 기업가로
평생 현역으로 살아가기

나는
하고 싶은 일을
하면서 산다

요즘 많은 직장인이 1인 기업가를 꿈꾸고 있다. 그 이유를 물어 보면 대답도 다양하다.

"시간을 내 마음대로 컨트롤할 수 있고, 내가 노력하는 만큼 벌잖 아요."

"평생직장이 없는 지금 지적 자산만 있으면 평생 현역으로 살 수 있는 1인 기업만 한 게 있을까요?"

"내가 자신 있는 분야에 대해 책을 쓰고, 강연 다니고, 칼럼 쓰는 일. 생각만 해도 가슴이 뛰잖아요."

다들 자신이 하고 싶은 일을 하면서 즐겁게 살고 싶다는 것이다.

사실 누구나 하고 싶은 일을 하며 살기를 갈망한다. 세상에 자신이 좋아하는 일을 하면서 돈도 버는, 이보다 더 즐겁고 행복한 일이 또 있을까. 그래서 나는 1인 기업이야말로 진정한 갑이라고 생각한다.

수많은 직업적성 관련 교육이 다양한 이름과 이론으로 학생들에게 실시되고 있다. 학생들에게도 어릴 적부터 자신의 적성을 찾고 꾸준히 노력해야 성공한다고 외친다. 대표적인 예로 피겨 여왕 김연아를 꼽을 수 있다. 그녀는 초등학교 시절에 자신의 적성을 찾았고 10년가량을 고군분투한 끝에 20대 초반에 크게 성공했다. 하지만 김연아처럼 어린 시절에 자신의 적성을 찾는 건 하늘의 별을 따는 것만큼이나 어렵다.

직업인을 만나면 꼭 물어보는 것이 있다. 바로 자신의 적성에 관한 것이다. 그들의 대답을 통해 내 나름대로 내린 결론은 20대 후반을 넘어서야 자신의 적성과 틀을 안다는 것이다. 스물 몇 해 동안 세상을 살면서 다양한 경험과 시행착오도 해보고 시련과 역경에도 부딪혀보면서 조금씩 자신의 적성을 깨달아가는 것이다. 그런데 문제는 자신의 적성에 맞는 직업을 찾기 위한 열망이 약하다는 것이다. 열망이 약하니 행동도 소극적일 수밖에 없다. 그래서 성공은 누구나 할 수 있지만 아무나 할 수 없다고들 말한다.

어린 시절에 자신의 적성을 찾지 못해도 상관없다. 직업 세계에 몸담고 있으면서 마흔이 넘어 자신의 적성을 찾아 그 길을 가거나 자신의 이름을 내걸고 1인 기업을 설립한 사람도 많기 때문이다. 그들도 자신이 하고 싶은 일을 하면서 즐겁게 산다.

그동안 나는 이 책을 쓰기 위해 수많은 1인 기업가를 만나 인터뷰를 진행했다. 그들과의 대화를 통해 한 가지 깨달은 점은 진정으로 하고 싶은 일을 하는 자유로움과 내가 노력한 만큼 늘어나는 수입 구조가 혼자 모든 것을 감내해야 한다는 것에서 오는 외로움과 고독함, 불안과 두려움을 넘어선다는 것이다.

또한 자신이 가지고 있는 지식과 정보, 지혜라는 무형의 자산으로 하고 싶은 일을 하면서 평생 현역으로 살 수 있는 1인 기업의 매력은 가슴 뛰는 인생으로 이어진다. 그래서 잘나가는 1인 기업가들은 직장인들에 비해 훨씬 활기차고 진취적이다. 그들의 모습에서 펄떡이는 물고기 같은 역동성을 느낄 수 있다. 자신이 진정으로 하고 싶은 일을 하면서 사는 즐거움이야말로 1인 기업의 핵심적인 성공 조건이기도 하다.

물론 오랫동안 몸담아온 조직 세계를 떠나 1인 기업가로 나서는 일은 쉽지 않으며 성공하기도 쉽지 않다. 사실 1인 기업가를 목표로 세운 후 한 걸음, 한 걸음 꿈을 향해 나아간다는 것은 적성을 찾는 일보다 몇 배는 어렵다. 그래서 많은 이들이 1인 기업가가 되고 싶어하지만 선뜻 도전하지 못하고 조직의 테두리 속에서 눈치만 살핀다.

나는 성공하는 1인 기업가가 되기 위해선 다음 두 가지 문제를 뛰어넘어야 한다고 말한다.

첫째, 자신의 주력 콘텐츠에 대한 다양한 정보를 확보해야 한다.

1인 기업가들로부터 외롭다는 말을 자주 듣는다. 조직에 몸담고 있는 것이 아니고 혼자서 모든 것을 처리해야 하기 때문이다. 또한 앞으로 나아갈 길도 스스로 만들어야 한다. 즉, 정보를 같이 공유하고 나눌 사람이 적다는 것이다. 그래서 성공한 1인 기업가들은 모든 것을 활용해 지식과 정보를 확장하는 노력을 아끼지 않았다.

둘째, 자기 확신이 강해야 한다.

강한 확신을 가지고 행동해야 성공한다는 것은 누구나 알고 있는 사실이다. 하지만 강한 확신 없이 끊임없는 의심과 회의에 빠지는 이들도 있는데, 결과는 안 봐도 뻔하다. 1인 기업가는 특성상 줄곧 불안, 두려움, 외로움과 싸워야 하는데 자기가 하는 일에 대한 확신이 부족하면 쉽게 흔들린다. 성공한 1인 기업가들은 하고 싶은 일을 하겠다는 강한 확신을 가지고 있다. 네임 브랜딩에 성공하여 1인 기업을 통해 1년에 수십억 원을 벌어들이는 성공 비결 가운데 하나가 바로 자기 확신이다.

외로움과 막막한 현실, 미래에 대한 불안과 두려움에도 하고 싶은 일을 하겠다는 신념으로 꿋꿋이 앞을 향해 나아가 자신의 분야에서 최고가 된 사람이 있다. 곤충학의 대표적 인물이자 30년에 이르는 각고의 노력 끝에 만든 세계적 스테디셀러 《파브르 곤충기》의 저자 장 앙리 파브르다.

파브르가 일생을 바쳐 이룬 성과를 보면 분명히 유명 대학에서 좋은 연구시설을 가지고 연구했다고 생각하기 쉽지만, 놀랍게도 그의 직업은 평교사였다. 그는 넉넉지 못한 집안 형편 때문에 학비를 면제받는 사범학교에 지원했다. 초등학교 교사가 된 후 본격적으로 곤충에 관한 연구를 시작했다. 낮에는 학생을 가르치면서 밤에는 곤충을 관찰하며 특이한 행동들을 메모해나갔다.

그는 시간이 지나면서 곤충에 대한 연구를 제대로 하고 싶다는 생각에 시설이 좋은 도시로 발령받기를 바랐다. 하지만 당시 분위기로는 뇌물을 주지 않는 이상 좋은 학교로 발령받는 건 불가능했다. 더욱이 퇴근 후 늦게까지 곤충 연구에 몰두하는 파브르를 주변 사람들은 탐탁지 않게 여기고 있었다. 그래서 파브르는 도시는커녕 오지나 다름없는 코르시카 섬의 학교로 발령을 받게 되었다. 그는 실망하지 않고 자신의 신념에 따라 연구 범위를 조개, 게 등 바다 생물로 넓혀나갔다. 그 후 관련 논문을 발표하여 학계의 호평과 교수직을 제안받지만, 그는 평교사로도 충분히 연구를 할 수 있다는 자신감으로 교수직을 거절했다.

그는 당시로써는 드문 일반 시민을 위한 교양강좌를 열어 제법 인기를 끌었다. 하지만 얼마 지나지 않아 보수적인 가톨릭계에서 반대를 하고 나섰다. '교미' 같은 음란한 내용을 다룬다는 것이 이유였다. 가톨릭계는 단순한 반대를 넘어 학교에까지 압력을 넣었으며, 그 때문에 파브르는 하루아침에 직장을 잃게 되었다. 하지만 그는 그동안의 방대한 연구 자료를 바탕으로 56세 때 원제 '곤충학자의 회상'인 《파브르 곤충기》를 집필했다. 그리하여 30년간의 산고 끝에 10권에 달하는 방대한 책이 세상에 나오게 되었다.

나는 진정한 1인 기업가라면 파브르처럼 자신이 좋아하는 일을 하기 위해 많은 어려움을 감수해야 한다고 생각한다. 세상의 모든 일이 그렇듯이 어려움을 감수하지 않고선 더 나아질 수 없고, 나만의 길을 만들어서 갈 수도 없기 때문이다.

특히 자신이 좋아하는 일을 하게 되면 시간이 지나면서 내공이 쌓이고 몰입의 즐거움과 더불어 누구도 가지 않은 길을 개척한다는 자부심을 갖게 된다. 이는 결과적으로 자신의 분야에서 최고가 되게 하고 시간적, 경제적으로 풍요로운 삶을 살도록 해준다.

자신이 좋아하는 일을 하기 위해 과감히 투자해서 성공한 1인 기업가도 있다. 젊은 나이인데도 화려한 경력을 가진 경쟁자들과 당당히 겨뤄 약진하고 있는 자기계발 분야 인기 강사 손성훈 씨.

그는 그래픽 디자인으로 사회에 첫발을 내디뎠지만 사업에 실패한 후 자기계발 분야 강사로 눈을 돌린다. 자기계발 강의와 거리가 먼 그래픽 분야의 경력과 상대적으로 적은 사회 경력을 메우기 위해 웃음, 인성, 서비스, 비전, 인맥관리 등 다양한 주제의 강의를 발품을 팔면서 찾아다녔다. 그리고 유명 강사의 강의를 듣기위해 무리하게 빚까지 얻기도 했다. 그는 자신이 하고 싶은 일을 하기 위해 자기계발 비용으로 3,000만 원가량을 썼다고 한다. 그의 형편에 적지 않은 돈이었지만 원하는 인생을 위해 과감하게 투자했다.

손 강사는 그런 노력 끝에 지금은 여러 기관과 단체, 대학교, 평생교육센터 등에서 특강을 진행하고 있으며, 기업체에서도 부르는 인기 강사로 활동하고 있다. 자신의 미래를 위해 과감히 자기계발을 했기에 지금의 그가 있을 수 있는 것이다.

지금 시대는 네임 브랜딩이 되어 있느냐, 그렇지 못하느냐에 따라 성패가 좌우되는 브랜드 시대다. 평범한 사람일수록 자신의 브랜드 가치를 높이기 위해 더욱 노력해야 한다. 1인 기업의 묘미는 소프트웨어나 콘텐츠보다 나에 대한 브랜드 가치를 높임으로써 대중에게 나를 비싼 가격에 팔 수 있다는 것이다.

나만의 독특한 브랜드 가치로 승부해 웬만한 기업보다 더 잘나가는 사람들이 있다. 그 가운데 세계화전략연구소 이영권 소장은 자신이 1인 기업을 차리게 된 것에 대해 이렇게 말했다.

"요즘처럼 기업 수가 많아지고 개인과 기업의 니즈가 다양해지면서 대형 연구소가 해결하지 못하는 틈새 시장을 1인 연구소가 담당하게 됐다. 1인 연구소의 경우 기업이나 개인의 경쟁력 제고를 위해 다품종 소량 생산으로 맞춤형 서비스를 해줄 수 있는 만큼 최근 수요가 급증하는 추세이다."

이젠 누구나 원하는 일을 하며 살 수 있는 시대가 됐다. 그리고 자신이 가진 지식과 정보, 지혜 등의 무형 자산으로 저술과 강연, 코칭 등으로 원하는 일을 하면서도 억대 수입을 올리는 1인 기업가들이 헤아릴 수 없이 많다.

더 늦지 않게 지금부터라도 자신의 콘텐츠에 대한 브랜드 가치를 높이기 위해 노력해야 한다. 그래야 인생 후반전이 즐겁고 풍요로울 뿐 아니라 갈수록 기대되는 사람으로 성장할 수 있다.

:: **02** ::

원하는 일을 하며
살기에도
인생은 짧다

얼마 전 50대 초반의 지인과 대화를 하게 되었는데, 그가 상갓집에서 느낀 이야기를 들려주었다. 친구의 아버지가 돌아가셨는데 함께 참석한 한 고향 친구가 한숨을 쉬면서 "다음은 우리 차례다"라고 말했다는 것이다. 그 순간 가슴이 뜨끔했다면서, 그날 밤 집에 돌아와서도 잠을 이룰 수 없었다는 것이다.

그때 그는 밤새 고민하면서 이런 생각이 들었다고 한다.

'과연 나는 그동안 무엇을 이루었는가? 아파트 한 채, 자동차, 아내와 자식, 회사 직함뿐이다. 다음 상갓집 주인공은 내 차례인가?

그는 시간이 정말 쏜살같이 흐른다며 지금에 와서 가장 후회되는 것이 꿈과 목표들을 쉽게 포기하고 살았다는 것이라고 했다. 그러면서 나에게 충고하기를, 하고 싶은 일이 있으면 두려워하지 말고 젊을 때 하라고 했다. 나는 너무나 뜻밖이라는 생각이 들었다. 평소 다양한 운동을 즐기면서 젊은 사람 못지않게 왕성한 활동을 하는 분이었기 때문이다.

나는 그분의 말을 듣고 문득 '세불아연(世不我延)'이라는 사자성어가 생각났다. '세월은 나를 위해 더디게 가지 않는다'라는 뜻으로 시간의 소중함을 강조한 말이다. 사실 많은 사람이 시간이 너무나 빨리 지나간다면서도 하루하루를 헛되이 보내고 있다.

그런 반면, 원하는 일을 하면서도 누구보다 바쁘게 사는 사람들도 많다. 그들 중 1인 기업가들을 꼽을 수 있다. 그들은 모든 사람에게 공평하게 주어진 시간을 세 배, 네 배로 활용한다. 자신이 원하는 일을 하면서 남들에 비해 훨씬 알차고 생산적으로 살아간다.

그동안 나는 자신의 적성에 맞지 않는다는 것을 알면서도 억지로 그 일을 하는 사람들을 많이 봐왔다. 그래서 나는 결코 그들처럼 하기 싫은 일을 하면서 인생을 허비하지 말아야지 하고 결심했다. 그때 내가 가장 먼저 한 것이 적성에 대한 고민이었다.

몇 날 며칠 고민 끝에 스피치 전문 강사 과정을 수료하기로 마음먹었다. 나는 생각과 동시에 행동에 옮기는 스타일이다. 그래서 곧장 스피치아카데미에 등록하고 강의를 들었다. 교육과정은 최소 3

개월이었다. 당시 나는 낮에는 직장 생활을 했고, 밤에는 야간대학을 다녔기 때문에 시간을 쪼개가면서 스피치학원에 다녀야 했다. 다행히 토요일에는 야간대학 수업이 오전에만 있어서 오후에는 스피치아카데미로 직행할 수 있었다.

나에게 토요일은 너무나 소중했다. 집중적으로 스피치를 연습할 수 있는 시간이었기 때문이다. 강의실에 30분 먼저 도착해 보이스 훈련과 오늘 발표할 콘텐츠를 연습했는데 그때 주변 사람들로부터 이런 말을 자주 들었다.

"석일아, 처음보다 훨씬 좋아졌구나."

"마치 스피치 전문 강사 같아."

사람들의 이런 응원은 나에게 큰 힘이 되었다. 나는 그들의 말에 힘입어 스피치 연습에 더욱더 박차를 가했다. 무엇보다 내가 배우고 싶은 것이었기에 아무리 연습해도 싫증이 나거나 지지치 않았다. 그런 나를 보고 "한 가지에만 집중해라. 그러다 쓰러진다"며 걱정하는 사람도 있을 정도였다.

당시는 힘들다는 생각보다 원하는 일을 하는 것이 얼마나 소중하고 강한 원동력인지 깨달을 수 있었던, 무척 소중한 경험이었다. 나는 특별한 일이 아니면 무조건 아카데미로 직행했다. 회사 퇴근 후 무거운 몸으로 야간대학에서 공부하고, 아카데미로 직행하는 생활을 1년간 반복했다. 그런데 문제는 스피치 실력이 단기간에 늘지 않는다는 것이었다. 초심이 무뎌지면서 나는 서서히 지쳐갔다.

수강 첫날부터 나를 칭찬해주신 60대 중반의 P 선생님이 있었다. 그날 그분과 이야기를 나눴는데, 그분의 말을 듣고서 내가 얼마나 못난 생각을 했는지 반성하게 되었다.

당시 P 선생님이 해주셨던 조언을 정리하면 대강 이렇다.

"내가 회사 다닐 때 발표 기술 같은 건 전혀 필요 없었어. 그저 조직에서 묵묵히 일하고 위계질서를 무너뜨리지 않는 사람만 필요했지. 하지만 점점 직급이 올라가고, 시대가 변화하면서 발표를 시키는 거야. 몇 번 해보니 재미도 있고…. 그러던 중 외부 강의를 나가게 되었지. 그때 막연히 내가 알고 있는 지식과 정보를 강연으로 알려주는 직업을 가지면 어떨까 하는 생각을 해봤어. 하지만 회사가 안정적인 터라 군이 자기계발을 안 해도 사고만 치지 않는다면 그럭저럭 지낼 수 있었지. 그래서 정년퇴직으로 회사를 나오게 됐어. 그런데 당시 내가 원하는 삶이 무엇인지 고민했다면 최소한 20년 전에 꿈을 이루었을 거라는 생각이 들어. 정말 그 부분에 대해 미련이 남고 많은 후회가 돼. 이렇게 많이 돌아와 버렸으니 남은 시간만이라도 원하는 일을 하면서 살고 싶어서 스피치를 배우고 있는 거야. 자네는 나에 비해 30년 가까운 시간이 더 있으니 너무 급하게 마음먹지 말고 차근차근 기본기부터 익혀나가게나."

그분의 말을 듣고 나자 마치 망치로 뒤통수를 한 대 얻어맞은 듯 정신이 번쩍 들었다. 내가 원하는 삶을 살기 위해 스피치를 배우고 있는데도 힘들어하는 스스로를 반성하는 계기가 되었다. 그리고 지금 좌절하는 경험조차 훗날 소중한 스토리가 될 거라는 생각에 더 열심히 스피치 연습을 했다.

그리고 몇 달 후 적은 금액이었지만 강의료를 받는 정식 강사로 데뷔할 수 있었다. 지금 P 선생님 역시 지역 방과 후 교사, 대중공포 극복 강사, 스피치 강사로 열정을 태우며 강연 전문 1인 기업가로 활동하고 있다. 적지 않은 나이에도 누구보다 열정적으로 활동하는 그분을 볼 때마다 더욱더 치열하게 살아야겠다고 다짐하게 된다.

어른들을 만나면 대부분 하시는 말씀이 인생이 너무나 짧다는 것이다. 눈 깜짝할 사이에 60이 되고, 70이 되었다는 것이다. 그러면서 빠트리지 않는 말이 다시 인생을 산다면 정말 원하는 일을 하면서 살고 싶다는 것이다. 그러고 보면 살아온 날보다 살아갈 날이 더 많은 나는 정말 행복한 사람이라는 생각이 든다. 게다가 나는 저술과 강연, 칼럼 기고, 코칭이라는 시스템으로 성공하는 1인 기업가를 꿈꾸고 있지 않은가.

인터넷에서 어느 95세 노인의 후회라는 글을 보게 되었다. 쉽게 포기하고 사는 우리에게 시사하는 바가 커서 여기 옮겨본다.

"나는 젊었을 때 정말 열심히 일했습니다. 그 결과 나는 실력을 인정받았고 존경을 받았습니다. 그 덕에 65세 때 당당한 은퇴를 할 수 있었죠. 그런 내가 30년 후인 95세 생일 때 얼마나 후회의 눈물을 흘렸는지 모릅니다. 내 65년의 생애는 자랑스럽고 떳떳했지만, 이후 30년의 삶은 부끄럽고 후회되고 비통한 삶이었습니다. 나는 퇴직 후 '이제 다 살았다. 남은 인생은 그냥 덤'이라는 생각으로 그저 고통 없이 죽기만 기다렸습니다. 덧없고 희망이 없는 삶, 그런 삶을 무려 30년이나 살았습니다. 30년의 세월은 지금 내 나이 95세로 보면 3분의 1에 해당하는 긴 시간입니다. 만일 내가 퇴직을 할 때 앞으로 30년을 더 살 수 있다고 생각했다면 난 정말 그렇게 살지는 않았을 것입니다. 그때 나 스스로 늙었다고, 뭔가를 시작하기엔 늦었다고 생각했던 것이 큰 잘못이었습니다."

그렇다. 무언가를 시작하기에 너무 늦었다고 생각하면 좌절감이 앞서 지레 포기하게 된다. 꿈에 대한 갈망, 내면의 열정을 생각하기보다 물리적인 나이를 생각하는 탓에 아무것도 할 수 없게 된다. 그 결과 오늘보다 더 나은 내일을 살 수 있음에도 힘든 인생을 살아가게 되는 것이다.

그러고 보면 나는 정말 행복한 사람이다. 마흔이 채 되기도 전에 어제보다 더 나은 오늘, 눈부신 미래를 만들어갈 수 있다는 것을 알고 있기 때문이다. 원하는 일을 하며 살기에도 인생은 짧다는 것을 자각했기 때문이다. 나는 시간이 갈수록 기대되는 사람이 되기 위해 더욱 노력할 것이다.

마지막으로 벤저민 프랭클린의 명언을 소개하고 싶다.

"우리는 알지 못한다. 너무 일찍 늙고, 너무 늦게 철이 든다는 사실을."

일터가
곧 놀이터다

경제 활동을 하는 사람들은 아침에 일어나 저녁에 잠자리에 드는 시간 가운데 75퍼센트를 직업과 관련한 생각과 일을 하는 데 쓴다는 통계가 있다. 그만큼 우리는 생존을 위한 일을 하면서 인생을 보낸다고 해도 과언이 아니다.

인생의 대부분 시간을 일을 하면서 보내는데, 지금 하는 일에서 재미를 느낄 수 없다면 어떨까? 인생이 공허하고 사는 것 자체가 괴로울 것이다. 이런 생활이 반복되면 미래에 대한 별다른 기대 없이 자포자기한 채 살아가게 된다.

최근 국내 기업에서는 'FUN경영'을 화두로 직장 문화에 변화의 바람이 불고 있다. 게다가 창의력과 사내 커뮤니케이션을 활성화할 목적으로 근무시간 중 수영장에 가고, 밴드 활동을 하면 지원금까지 주며 동아리 활동을 권장하는 문화가 정착되고 있다. 일에서 재미를 느끼지 못한다면 최고의 업무 효율을 기대할 수 없어 결과적으로 회사에 마이너스가 되기 때문이다.

《노는 만큼 성공한다》의 저자 김정운, 문화심리학자이자 여러가지문제연구소 소장, 지식 에듀테이너, 휴테크 전도사 등 다양한 수식어를 가지고 있는 그는 한국 사회의 진짜 문제에 대해 이렇게 꼬집는다.

"경제나 후진적 정치 문화가 아니라 제대로 놀 줄 모르는 사람들이 이 사회의 주류를 형성하고 있다는 겁니다."

그러면서 그는 잘 노는 직장인이 일도 잘하고 성과도 발휘한다고 말한다.

이 문제를 한 방에 해결해주는 직업이 있다. 바로 1인 기업이다. 사실 1인 기업가의 목적은 애초에 사회적 성공기준인 돈, 명예가 아니라 자기만족과 행복에 있다. 곧 일터는 놀이터였고, 일은 삶의 만족을 주는 놀이였다. 그래서 성공한 1인 기업가는 24시간 가운데 75퍼센트의 시간이 즐겁다 보니 시간이 지나면서 점점 더 그 일을 잘하게 되고 전문가의 경지에 오르게 된다. 그 결과 자연스럽게 행복은 물론 경제적인 여유까지 따라오면서 모두가 꿈꾸는 삶을 살게 된다.

난타 기획자로 유명한 송승환 씨는 "일터를 놀이터로 사는 사람만이 국가 대표급 전문가로 우뚝 설 수 있다"라고 말했다. 대한민국 대표 1인 기업가들이 대기업 못지않은 브랜드 파워를 가지고 대중에게 영향력을 행사할 수 있는 것 역시 자기 일을 즐기면서 하기 때문이다.

서울 압구정에서 압구정커피집을 경영하면서 '단아한 커피'라는 특유의 커피 철학으로 27년간 커피를 연구한 허형만 씨. 커피스쿨을 운영할 정도로 상당한 내공을 갖췄고, 커피 관련 기사에 자주 등장할 정도로 유명한 1인 기업가다.

누구보다 일을 놀이 이상으로 즐기는 그는 수영, 등산, 번지점프 같은 동적인 취미는 물론 영화관람, 사진촬영 등의 정적인 취미도 한껏 즐기면서 살아가고 있다. 그가 이처럼 다양한 취미를 갖게 된 계기는 커피 영업사원 시절 영업을 하면서 수금보다 재구매가 중요하다는 것을 깨달으면서다. 고객을 만나는 내내 커피 이야기만 할 수 없어 일종의 서비스 차원에서 고객과 다양한 커뮤니케이션을 하기 위해 취미를 배웠다. 하지만 커피집을 운영하면서 취미에 대한 생각을 바꿨다. 다양한 것을 알고 익히는 것이 즐겁지 않았다면 지금 하고 있는 커피 일을 즐기지 못할 것이라는 생각으로 스스로를 변화시켰다. 그에게 취미는 일터를 놀이터로 바꾸기 위한 연습이었다.

처음 압구정에서 커피가게를 열 때 고객층 분석을 위해 365일 가운데 설날 외에는 하루도 쉬지 않고 밤 열 시까지 일했다. 상상을 초월하는 노동 강도 속에서도 버틸 수 있었던 이유는 일터가 놀이터였기 때문이다. 일을 놀이 삼아 했기에 즐겁게 할 수 있었고 '커피 명인'이라는 이름까지 얻게 되었다.

어느 정도 가게가 안착되자 일요일이 되면 가게 문을 닫고 자신이 좋아하는 취미를 즐겼다. 평일에도 오후 일곱 시가 넘어가면 과감하게 문을 닫는다. 일과 삶의 균형을 유지하기 위해서, 또 다른 놀이터로 이동하기 위해서다.

허형만 씨처럼 일터를 놀이터로 삼는 사람들은 보통 사람들이 상상도 할 수 없는 성과를 발휘하게 된다. 흥미로운 점은 자신은 일을 놀이로 여기고 있는데 다른 사람들이 보기에는 그 분야 전문가의 경지에 올라 있다는 것이다. 일이 놀이가 되는 순간 일하는 공간은 놀이터로 변한다. 놀이터에서 신 나게 놀면서 보람도 찾고, 그 과정에서 성과도 올리고 최고가 되는 것이다.

같은 아파트에 살았던 후배 Y는 고등학교 때 빵으로 점심을 때워가며 급식비로 조립식 장난감인 프라모델을 구입하는 등 자신이 하고 싶은 일에 완전히 빠져 지냈다. 한 번은 그 집에 놀러 갔다가 눈이 휘둥그레진 적이 있었다. 후배 방이 온통 프라모델 천지였기 때문이다. 건담, 피규어, 밀리터리, 캐릭터 상품 등을 조립해 전시해두었는데 그 종류가 엄청나게 많았다. 일반적으로 프라모델 마니아는 한 가지 종류만 모으는데 후배는 워낙 프라모델 자체를 좋아해서 종류와 상관없이 모은 것이다.

부모님 걱정 때문에 고3 때는 수능 공부를 했지만 마음 한구석에는 하고 싶은 일이 계속 꿈틀거렸다. 수능이 끝나자마자 시내에 딱 한군데밖에 없는 프라모델 전문점에서 아르바이트를 자청했다. 비록 아르바이트였지만 그 일이 너무나 재미있어서 대학교에 합격하고도 학교에 가는 횟수보다 아르바이트를 하러 가는 횟수가 더 많았다. 전공이 프라모델과는 아무 관련이 없는 학과여서 더욱 학교에 가려 하지 않은 것이다. 그 결과 학과 점수는 엉망이었고 부모님은 공부 안 하는 아들 때문에 답답해했다. 하지만 후배는 일터가 놀이터나 다름없었기에 하루하루가 신 나고 즐거웠다.

손님이 많을 때는 손님들과 자신이 좋아하는 프라모델 이야기를 하면서 정보를 공유하고, 손님이 없을 때는 차분히 앉아서 가게 전시용 프라모델을 조립했다. 군에 입대한 뒤에도 휴가를 나올 때마다 가게를 방문하는 등 사장님과 좋은 인연을 유지했다.

전역 후 후배는 복학을 하지 않고, 자신의 바람대로 정식 직원으로 일을 시작했다. 물론 어렵게 들어간 대학인데 헌신짝처럼 내던진 셈이므로 부모님의 반대는 완강했다. 하지만 그는 자신의 결정을 밀고 나갔다.

후배는 근무 시간에 즐겁게 일하고, 퇴근하고도 집에서는 프라모델을 조립해서 블로그에 올려 많은 팬을 확보하고 있다. 3년 넘는 근무기간 동안 반복되는 일임에도 여전히 재미있어하며 일을 하는 후배가 부럽기만 하다.

후배는 자기 일에 대해 이렇게 말했다.

"사실 대학 자퇴를 결정했을 때 남들보다 뒤처진다는 생각도 들었어요. 하지만 분명한 것은 이 분야는 학력이 아니라 얼마나 미친 듯이 '즐기느냐'에 따라 성패가 결정된다는 겁니다. 밥벌이를 위해 다 가는 대학에 들어가 지겨운 일터를 찾는 것보다 하루하루 놀이터 같은 직장이 있으니 얼마나 좋은가요. 일할 때는 정말 퇴근 시간이 왜 그렇게 빨리 오는지 모르겠어요. 저는 한 번뿐인 인생, 제가 좋아하는 일을 하면서 즐겁게 살고 싶어요."

현재 그는 기본 생활비를 제외하고 전액을 저축하고 있다. 일본을 뛰어넘는 프라모델 전문가를 꿈꾸면서 서른 살이 되기 전에 자신의 이름을 내건 1인 기업을 시작하기 위해 오늘도 행복한 놀이터로 출근한다.

1인 기업가들에게는 생계를 위한 일터와 충전을 위한 휴식 공간이 따로 존재하지 않는다. 그들에겐 일이 놀이이면서 열정을 샘솟게 하는 휴식이다. 그래서 그들은 혼자서 많은 일을 처리해도 결코 힘들다는 말을 하지 않는다. 오히려 그 일에서 즐거움과 보람을 느끼기에 얼굴에서 행복함이 묻어난다.

사람에 따라 사무실 없이 그저 홈페이지 하나로 1인 기업을 하는 사람도 있고, 2평 남짓한 사무 공간 또는 빈방에다 책상과 컴퓨터, 팩스, 전화기를 두고 1인 기업을 하는 사람도 있다. 그들에게 겉으로 보이는 외면의 화려함은 전혀 중요하지 않다. 그들이 1인 기업을 시작한 것은 무엇보다 자신이 좋아하는 일을 하면서 적은 자본으로 수입을 극대화하기 위해서였으니까.

어떤 일을 하든지 간에 일을 놀이로, 일터를 놀이터로 삼아야 한다. 일이 즐거워야 몰입하게 되고, 자연히 더 잘하게 된다. 업무 생산성이 높거나 자신의 분야에서 최고가 된 사람들을 보면 일을 일이 아닌 놀이처럼 즐기며 한다는 것을 알 수 있다. 그들에게 일하는 공간은 나의 시간과 노력을 돈과 바꾸는 곳이 아니라 창의력과 에너지가 분출하는 신 나는 놀이터가 된다.

김정운 소장은 《노는 만큼 성공한다》에서 다음과 같이 말한다.

"자기가 좋아하는 것을 모르는 사람은 자기가 왜 사는지 모르는 사람이다. 우리가 그저 참고 견디다 보면 행복해지는 것이 절대 아니다. 행복을 생각해야 참고 견딜 수 있다."

아무런 재미도 없이 한 달 벌어 한 달 먹고사는 직장인들이 곱씹어봐야 할 말이 아닐까 하는 생각이 든다. 지금 하는 일을 더 잘하고 싶은가? 사람들에게 인정받는 최고가 되고 싶은가? 그렇다면 당신이 가장 잘하고 좋아하는 일을 놀이로 삼아 일터를 놀이터가 되게 하라. 일이 즐겁다면 성공은 자연히 찾아오는 법이다.

:: **04** ::

놀고 싶을 때 놀고, 일하고 싶을 때 일한다

놀고 싶을 때 놀고, 일하고 싶을 때 일하는 것.

이는 모든 직장인에게 로망이다. 주말에 쉬고 월요일에 다시 출근을 하는 데서 오는 스트레스 때문에 월요병이 생기는데, 이 병을 앓는 직장인들이 꿈꾸는 평생직업으로 가장 각광받는 것이 1인 기업이다. 그래서 요즘 직장인들 사이에는 자신의 스토리를 책으로 써서 1인 기업가로 전향하기 위해 준비하는 이들이 많다.

놀고 싶을 때 놀고, 일하고 싶을 때 일하는 것은 1인 기업가들에게 꿈같은 이야기가 아니라 말 그대로 현실이다. 모든 스케줄을 스스로가 결정하기 때문에 꼭 주말일 필요 없이 번잡하지 않은 평일에 휴식을 취할 수 있고, 가족과 여행을 할 수도 있다. 그리고 그런 휴식과 여유 속에서 창의가 나오고 마음가짐의 재무장도 가능해 갈수록 승승장구하는 1인 기업가로 성장하게 된다.

더욱이 근무시간에 관한 사회적인 개념이 바뀌면서 1인 기업가에게는 점점 유리한 세상이 되어가고 있다. IMF 이전에는 오랫동안 그리고 성실하게, 위계질서를 지키면서 일하는 것이 최고의 미덕이었다. 하지만 시대가 바뀌었다. 이제는 새벽부터 밤늦게까지 일하고도 성과를 내지 못하면 자리에서 물러나야 한다. 그래서 직장인들은 겉으로는 웃어도 마음 한구석은 늘 불안하고 두려움에 차 있다. 그래서 조급한 나머지 작고 사소한 일에 화부터 내게 된다. 그러니 당연히 업무 효율은 떨어지고 성과는 나아지지 않는다.

어떤 면에서는 자영업도 같은 걱정거리를 안고 있다. 아이템이 워낙 다양해졌기에 평범한 아이템으로는 새벽부터 밤늦게까지 가게 문을 연다고 해도 적자가 나기 일쑤다. 손님들이 구름같이 몰려오는 꿈같은 일은 웬만해선 일어나지 않는다. 일하는 시간에 비례해서 좋은 성과가 나오지 않는 시대에 1인 기업가는 더욱 잘나가고 유리해지고 있다.

갈수록 잘나가는 1인 기업가의 비밀은 크게 세 가지로 꼽을 수 있다.

첫째, 개인의 리듬에 맞게 근무시간을 조율할 수 있다.

윤은기 중앙공무원 원장은 저서 《시테크》에서 시간과 일에 대해 다음과 같이 말한다.

"무조건 성실하게 오래 일하는 시대는 지났다. 그것은 참으로 우둔한 것이다. 짧은 시간에 집중적으로 즐겁게 일하며 성과를 창출하고 남는 시간은 재미있게 즐겨야 한다."

그러나 자신의 시간을 남이 조율해주면서 일을 하게 되면 짧은 시간 안에 집중해서 성과를 내기 힘들다. 사람마다 리듬이 다르기 때문이다. 이런 점에서 1인 기업가는 확실히 다르다. 자신에게 맞는 리듬을 활용해서 짧은 시간 안에 즐기면서 성과를 내고, 그 외의 시간에는 책을 읽거나 자기계발을 하거나 휴식을 취하며 지적 자산의 전문성을 키우고 확대할 수 있다. 특히 1인 기업가들에게 저술이 빠지지 않는 만큼 자투리 시간에 저술 활동을 할 수 있다.

둘째, 인터넷 등 디지털기기를 활용하여 적은 시간과 비용으로도 성과를 낼 수 있다.

직장인이 회사를 그만두고 자영업을 하기 위해선 각종 부대비용이 든다. 그것도 몇천만 원 단위가 아니라 수억 원대다. 그래서 다들 "이놈의 회사, 당장 때려치워야지" 하면서도 선뜻 떠나지 못한다.

하지만 1인 기업은 지적 자산만 있다면 누구나 쉽게 시작할 수 있다. 이메일, 팩스, 스마트폰을 활용하여 지금 살고 있는 집을 연구소로 활용할 수도 있다. 부대비용이 들지 않는 만큼 들어오는 돈은 모두 알토란같은 내 돈이 된다. 그러니 마음 편하게 자신이 하고 싶은 일에 매진할 수 있다.

셋째, 전환이 빠른 1인 기업가는 덩치가 크고 느린 조직보다 시장을 선점할 수 있다.

기업에서 경영상의 변화는 단순한 스트레스를 넘어 조직 구성원 간에 의견 충돌을 일으키기도 한다. 또 디지털기기의 발전으로 조직 안에서 개인의 성과를 객관적으로 평가할 수 있게 되었다. 다들 자신을 벼랑으로 내모는 실수를 범하지 않기 위해 신중하게 생각하고 결정한다. 그러다 보니 동료들 간 의견 충돌이 생겨난다. 모두가 책임감에서 조금이라도 벗어나려 하기 때문이다. 이러한 속성 때문에 기업은 짧은 시간 안에 변화나 혁신을 이뤄내기가 힘들다.

그러나 1인 기업가는 시대의 트렌드를 읽고 곧장 시장에 맞는 상품을 내놓음으로써 덩치가 크고 느린 기업들보다 발 빠르게 시장을 초기 선점할 수 있다. 1인 기업가들이 갈수록 기대되는 이유가 트렌드에 따른 전환이 빠르다는 것이다.

1인 기업의 가장 큰 매력은 뭐니 뭐니 해도 하루 24시간을 스스로 관리한다는 것이다. 내가 직원이자 오너인 만큼 스스로 판단하고 결정한다는 것에 큰 매력을 느낀다. 또한 내가 좋아서서 하는 일이니만큼 결코 일로 생각되지 않는다. 일이 놀이로 여겨지는 것이다. 그래서 자신도 모르게 그 일을 더 잘하게 되고 전문성이 묻어나 몸값이 천정부지로 뛰는 것이다.

애플 전문 블로거이자 디지털 유목민에 관한 블로그 'The world is my office'를 운영하는 마이크 엘건. 그는 전 세계 어디에서든 와이파이와 카페인만 있다면 일할 수 있다고 말할 정도로 디지털 유목민으로 살고 있다. 그의 칼럼을 보면 다음 주에는 그리스에 갈 것이고, 다음 달에는 케냐에서 보낼 것이라는 말을 한다. 내년에는 자신이 어디 있을지 모른다고 표현하는 그를 보고 있으면 그야말로 '자유인'이라는 생각에 부러움이 앞선다.

그는 현재 디지털기기와 세계 공용어인 영어를 쓰면서 전 세계를 돌아다니며 놀고 싶을 때 놀고, 일할 때는 세계인들을 상대로 최고의 성과를 올리고 있다.

그가 말하는 자산이란 부동산이나 자동차가 아니다. 디지털기기와 자기 일을 적극 지지해주는 가족, 그리고 대중적인 글을 쓰는 데 필요한 지식이다. 그는 자기 일과 놀이에 대해 명료한 개념을 가지고 있다.

"집에서 일을 할 수 있으면 로마에서도 일할 수 있다."

경제적으로 사는 그의 방법은 독특함을 넘어 창의적이기까지 하다. 디지털 유목민인 그는 임대료만 내고, 물가가 비싼 서유럽에서 일을 하다가 큰 고객을 놓치면 상대적으로 물가가 싼 동유럽으로 다시 이동한다. 한 프로젝트가 끝나면 현재 머물고 있는 나라에서 여행을 다니는 등 휴식을 취하면서 다음 프로젝트를 준비한다. 그렇게 마음껏 놀면서 일할 수 있는 나라를 선정한다. 일을 놀이로 생각하면서 인생을 제대로 즐기고 있는 셈이다.

대부분의 직장인이 1인 기업가가 되기 위해 준비하는 이유는 놀고 싶을 때 놀고, 일하고 싶을 때 일할 수 있기 때문이다. 또한 직장에선 마치 기계적으로 주어지는 업무만 할 뿐 내가 하고 싶은 일을 할 수도, 창의적인 일을 할 수도 없다. 그래서 직장이라는 조직에 몸담을수록 타성에 젖어들고 마음이 허전하고 공허한 것이다. 그래서 나는 1인 기업가들이야말로 세상에서 가장 행복한 사람들이라고 말한다.

세상에서 가장 행복한 직업이자 평생 현역으로 살 수 있는 1인 기업가가 되기 위해선 평소 다음과 같은 두 가지 연습을 해야 한다.

첫째, 자유는 나의 의무와 책임에서 나온다는 자세로 삶의 균형을 유지한다.

조직에 있다면 시간의 자유를 일부 구속당하지만 일정한 패턴에 따라 움직이므로 일과 휴식의 균형을 잡기가 비교적 수월하다. 하지만 1인 기업은 그런 패턴을 스스로 만들어야 한다. 외부의 충격이나 심적인 고통 때문에 벌어지는 피해 역시 전적으로 혼자 감당해야 한다. 그러므로 삶의 균형을 잃어 좌절하지 않기 위해선 평소에 균형을 유지할 수 있는 자신만의 방법을 고안해내야 한다. 1인 기업가는 홀로서기에 성공해야 하기 때문이다.

둘째, 일하고 싶을 때 집중력 있게 일할 방법을 찾는다.

달리기 전에 자동차를 워밍업하듯이 자신이 하는 일에 몰입할 수 있게 '워밍업하는 연습'을 해야 한다. 나는 강연 준비나 저술을 할 때 다이어리를 보는 습관이 있다. 다이어리를 보면서 앞으로의 계획을 생각하고 긴장의 끈을 놓지 않는다. 그리고 내가 꿈꾸는 자아상을 떠올리면서 강한 확신과 동기부여를 통해 고도의 집중력으로 짧은 시간에도 남들에 비해 서너 배 이상의 일을 처리한다.

집중력은 쉽게 얻어지는 것이 아니다. 자신만의 방법을 터득하여 놀면서 일해도 짧은 시간에 고도의 성과를 낼 수 있는 연습을 해야 한다.

놀고 싶을 때 놀고, 일하고 싶을 때 일하는 직업은 누구나 갖고 싶어한다. 하지만 이런 직업은 누구나 시작할 수 있지만 아무나 성공할 수 있는 것은 아니다. 겉으로 쉬워 보이는 일이 직접 해보면 가장 힘들고 어려운 법이다.

3년 후, 5년 후가 기대되는 인생을 살기 위해선 조직에 몸담고 있는 바로 지금 1인 기업가로의 준비를 차근차근 해나가야 한다. 1인 기업은 마음 독하게 먹고 실행한다고 해서 단기간에 성공할 수 있는 분야가 아니다. 아니, 지금 몸담고 있는 직장보다 몇십 배나 더 외롭고, 힘들고, 고통스러울 수도 있다. 그러니 밥벌이가 가능한 지금 하나씩 준비해나가야 한다.

회사에서 일하는 동안 주말만 기다려지는 지루한 삶에서 벗어나고 싶은가? 평일이 마치 공휴일인 것처럼 신 나고 즐거운 1인 기업가로 살아가고 싶은가? 그렇다면 자신만의 무기가 무엇인지 고민해보라. 그리고 그것을 찾았다면 부단히 갈고닦아서 평생 현역으로 살아갈 수 있는 1인 기업가로서의 자산으로 활용하라.

1인 기업,
나이 들수록
더 유리하다

얼마 전 한 아이스크림 전문 매장을 찾았다. 카운터에서 나이가 지긋한 중년 남성이 깨끗한 차림으로 주문을 받고 있었다. 얼굴에 비치는 나이를 계산해보니 정년퇴직 후 가게를 차렸을 거라는 생각이 들었다. 나는 이것저것 궁금해서 그분에게 양해를 구해 몇 마디를 나눴다.

나의 예상과는 달리 가게 주인이 아니었고, 시간제 아르바이트를 하는 중이었다. 공기업에서 회계 담당으로 일하다가 얼마 전 정년퇴임을 했다고 한다. 그런데 아직 젊고 충분히 일을 할 수 있는데 사회가 자신을 퇴물로 취급하는 것 같아 지금의 아르바이트를 하면서 프랜차이즈를 뛰어넘는 사업을 준비하고 있다고 했다.

"정년에 대한 사회의 편견을 깨고 싶고, 유통 관련 사업으로 멋진 1인 기업을 하고 싶어서 지금 이렇게 아이스크림 매장에서 밑바닥부터 열심히 배우고 있습니다."

그분을 보면서 베이비부머 세대에 대한 아픔이 느껴졌다. 이분처럼 대한민국의 베이비부머 세대는 민주주의를 이뤄내기 위해 많은 것을 희생해야 했고, 어떤 세대보다 더 분투했다. 그 덕분에 우리나라가 지금과 같은 경제 성장을 이룰 수 있었다. 하지만 안타깝게도 우리 사회는 그들의 소중한 경험과 노하우를 헌신짝 취급하고 있다. 그들에게 재취업은 시간제 아르바이트가 아닌 이상 사실상 불가능하다. 이런 시간제 아르바이트도 경쟁이 치열해서 하늘의 별 따기라고 한다.

이런 사회적 분위기에서는 그분처럼 오히려 1인 기업을 시작하는 것이 바람직하지 않나 하는 생각이 든다. 1인 기업은 나이가 들수록 퇴물이 아닌 전문가로 인정받고, 점점 쌓이는 연륜과 경륜 덕에 갈수록 유리해지기 때문이다.

나이가 들면 퇴물로 인정하는 사회에서 1인 기업가적 마인드는 나이는 단지 숫자에 불과하다고 보는 것이다. 나이는 들었어도 청춘들에 비해 연륜과 경륜으로 공익에 이바지할 수 있다는 사고를 갖는 것이다. 그러므로 1인 기업가는 나이가 들수록 축적된 경험으로 젊은이들에 비해 시행착오를 줄이면서 단기간에 성과를 발휘할 수 있는 노하우를 가지고 있어야 한다.

'모든 경험은 결국 선(善)이다'라는 말처럼 오랜 경험과 인맥으로 새로운 일에 도전할 때 오직 패기와 혈기로 도전하는 사람보다 더욱 섬세하고 치밀하게 준비할 수 있다. 나이 앞에 무기력해지기보다 나이를 자신의 강력한 무기로 만들 수 있다. 그리고 그런 준비 과정이 자존감을 높여준다. 무엇보다 자신이 좋아하는 일, 잘하는 일을 하기 때문에 직장에서 느끼지 못했던 기쁨과 성취감을 느낌으로써 일 자체가 행복해진다.

1인 기업가들은 모두 자기 분야에서 최고의 전문가들이다. 전문가들 중에서도 탁월한 성과를 지속적으로 내는 전문가를 '내공인'이라 말한다. 1인 기업가가 궁극적으로 지향해야 할 목적지가 바로 이 내공인이다. 그러려면 '절차탁마(切磋琢磨)', '자강불식(自強不息)'의 자세로 한시도 쉬지 않고 옥돌을 자르고 줄로 쓸고 끌로 쪼고 갈아 빛을 내야 한다. 내가 가진 전문성을 빛이 번쩍이는 검으로 만들어야 한다는 뜻이다.

1인 기업가들에게는 자신을 업그레이드하는 과정이 필수적으로 요구된다. 물론 이런 과정에는 시간이 절대적으로 필요하다. 그래서 그나마 밥벌이가 안정적인 직장인들이 1인 기업을 준비하기에 최적의 환경을 갖추고 있다고 할 수 있다. 또 1인 기업은 젊은 사람들보다 나이가 든 사람들에게 더 유리하다. 수십 년간 직장 생활을 하면서 나름대로 내공인으로 나아가는 정교한 과정을 마쳤기 때문이다. 1인 기업가에게 나이는 치밀함과 자신감 그리고 내공인으로 갈 수 있는 정직한 길이다.

1인 기업가들은 다양한 분야에서 저술과 강연, 코칭, 칼럼 기고를 하면서 자신의 네임 밸류를 높이고 있다. 1인 기업가들에게 고객은 자신의 저서나 칼럼을 읽은 사람들이 대부분이다. 고객은 나름의 기준을 가지고 1인 기업가를 선택한다. 좀더 적확하게 말하면 그가 가지고 있는 지적 자산을 선택한다. 고객이 1인 기업가를 선택할 때는 컨설팅 능력을 가장 우선으로 꼽는다. 저술과 강연은 이제 1인 기업가들에게 기본이 되었기 때문이다. 고객에게 맞는 카운슬링을 해주는 1인 기업가들이 살아남는 구조로 바뀌고 있다.

조직에서는 나이가 들수록 불안하고 두렵지만 1인 기업가는 나이가 들수록 유리하다. 나이가 주는 다양한 경험과 축적된 경력으로 고객에게 보다 내공 있는 콘텐츠를 제공함으로써 신뢰를 줄 수 있기 때문이다. 그래서 강연, 저술, 코칭, 칼럼 기고라는 네 박자가 어우러지는 1인 기업가들에게 불황은 남의 이야기다. 오히려 시간이 갈수록, 불황이 심해질수록 기업과 단체 등 고객들은 연륜과 경륜이 있는 1인 기업가들을 찾게 마련이다.

확고한 꿈과 비전으로 무장한 1인 기업가적 마인드를 가진 사람들은 나이나 불황에 전혀 움츠러들지 않는다. 나이를 열정과 내공으로 극복하면 되는데다가 세상은 호황이다가도 불황이 되고, 불황이다가도 호황이 되기 때문이다. 그들은 무엇보다 인생이란 꿈과 비전을 모토로 전략적으로 만들어가야 한다는 것을 잘 알고 있다. 그래서 그들이 관심을 두는 것은 경제적 불황이나 호황이 아니라 지금 자신이 걸어가고자 하는 길이다.

나이가 들면서 쌓인 노하우와 경험은 젊은이들의 계산적인 머리로는 절대 못 당한다. 그래서 내공이라는 말을 쓰는 것이다. 내공을 쌓기 위해선 반드시 일정량의 시간과 노력이 뒤따라야 한다. 그렇지 않고서 단순히 남의 책을 통해 지식과 정보, 간접 경험을 내 것으로 만들었다면 얼마 못 가 한계에 부딪히고 만다. 그것들은 내가 실제 고민하고, 고생하고, 시행착오를 거치면서 얻은 것이 아니기 때문이다. 그래서 어떤 뜻하지 않은 문제에 봉착하게 되면 응용이 되지 않을뿐더러 적절한 해답을 찾기도 힘들다.

한 달 수강료로 900원을 받고, 6개월간 보일러 기술을 전수해주는 이영수 씨가 있다. '사랑의 보일러 교실'을 운영하는 그는 국내에서 열 손가락 안에 손꼽히는 보일러 명장이다. 1998년 '명장'이라는 칭호를 얻은 그는 보일러 기술로 불우이웃을 돕고 있다.

그가 보일러에 손을 대기 시작한 계기는 매우 독특하다. 20대에 음악다방 DJ로 일하던 그는 'DJ는 여자들이 너무 따르니, 직업을 바꾸라'는 아내의 부탁을 받고 보일러 일을 시작했다. 그때부터 30여 년을 매진한 결과 명장에 이르렀다.

몇 해 전 서울시로부터 '자랑스러운 시민상'을 받은 바 있는 그는 불우이웃들을 돕기 위해 고민했다. 그러다가 자신이 가진 건 보일러 기술뿐이니 기술을 전수해주는 방법밖에 없다고 생각하고 사비를 털어서 학원을 시작했다. 현재까지 운영되고 있는 보일러 교실에서 그는 실직자, 노숙자, 은퇴자에게 기술을 전수해준다. 한 달 수강료로 900원이라니, 시간 낭비한다며 비아냥거리는 사람도 있을 것이다. 하지만 그는 한 인터뷰에서 900원이라는 돈의 의미를 떠나 자신이 진정으로 원하는 일을 할 수 있어 행복하다고 소감을 밝혔다.

"대부분 실직자, 노숙자들이 이곳을 찾아오시지만 그분들이 거지는 아닙니다. 900원이 많은 돈은 아닐 겁니다. 하지만 분명히 그분들은 제게 교육을 받기 위해 정당한 대가를 지불하고 있는 겁니다."

그는 자신이 가진 기술로 혼자만 잘사는 것이 아니라 사회에 봉사하면서 자신에게 무엇이 부족했는지 스스로를 돌아보는 기회로 삼고 있다. 재정적인 어려움과 서울시의 무관심으로 최근에는 교실 운영이 어려워지고 있다. 하지만 취업이나 창업에 성공한 졸업생들이 찾아와서 감사하다는 말과 함께 십시일반 도와주는 돈으로 포기 않고 교실을 운영해나가고 있다.

이영수 명장은 다음과 같이 말한다.

"보일러 기술이라는 건 '나만 돈을 벌기 위한 것'이 아닙니다. 내 손길이 닿은 보일러로 누군가에게 따뜻한 온기를 전해주는 것이지요. 이게 사랑 아닐까요?"

1인 기업가는 자신의 로드맵에 따라 스스로가 주체적으로 삶을 경영해나가야 한다. 로드맵에는 외부에 의한 정년이나 은퇴가 없다. 나이가 들수록 퇴물 취급을 받는 조직과는 달리 오히려 연륜과 경륜으로 갈수록 더욱 승승장구하게 된다.

1인 기업가들 가운데는 예순이 넘은 분도 많다. 그런데도 한 시간 강연에 수백만 원의 강연료를 받으며 열정을 불태우고 있다. 누가 이들을 뒷방 노인네 취급할 수 있을까.

1인 기업가들에게 나이는 단지 숫자에 불과하다. 시간이 지날수록 이들의 무기는 날카롭게 벼려질 것이다. 또한 오랜 세월 쌓아온 경험과 노하우, 시행착오를 통해 누구보다 탁월한 성과를 지속적으로 내는 1인 기업가로 우뚝 설 수 있다.

리스크는 적고
기회는 많다

직장인 몇 사람이 모이면 흔히 오가는 대화가 있다.

"좋은 아이디어가 생각났어! 사업 한번 해볼까? 대박 아이템
이야."

"내 사업을 하면 정말 잘할 수 있을 텐데…."

"사업은 아무나 하나?"

지금 대한민국은 1997년 당시 벤처기업 붐처럼 적은 초기 투자
비용과 아이디어만으로 회사를 열 수 있는 시대가 되었다. 실제로
지식 자본을 바탕으로 한 1인 기업들이 속속 생겨나고 있다. 그들
가운데는 1년에 수십억 원의 수입을 올리는 1인 기업가들도 있다.

자기 사업을 꿈꾸면서도 불안과 두려움 때문에 선뜻 시작하지 못하는 사람들에게 1인 기업만큼 손쉽게 창업할 수 있는 방법도 없다. 초기 투자비용, 생산설비, 각종 부대비용 등의 리스크를 최소화할 수 있어 초창기 적은 수입에도 회사를 꾸려갈 수 있기 때문이다.

나는 얼마 전 평소 1인 기업에 관심이 있는 사람들을 대상으로 한 강연에서 이렇게 말했다.

"1인 기업은 자신의 경영 역량을 평가할 수 있으며, 자신이 하는 사업에서 먼 미래를 확고하게 붙잡을 기회가 될 것입니다. 무엇보다 잘 키운 1인 기업은 나의 브랜드 가치를 더욱 상승시켜주는 시너지 효과로 열 회사가 안 부러울 것입니다. 작지만 강한 기업, 탄탄하고 내실 있는 기업으로 성장할 수 있습니다."

보통 일반적인 기업에서는 상품을 내놓을 때 평균을 고려해서 출시한다. 물론 그 전에 철저한 시장조사가 필요하고 연구개발에도 많은 시간과 비용이 소요된다. 그럼에도 투입된 노력과 비용에 비해 시장에서 환영받지 못하는 경우가 더 많다.

그러나 1인 기업은 평균 고객보다는 고객별 맞춤으로 상품을 제공할 수 있다는 장점을 가지고 있다. 특히 지식을 바탕으로 한 강의, 저술이 상품인 경우 한 가지 큰 주제로 여러 파생상품을 만들수 있고, 다양한 콘텐츠를 융합할 수 있어 내놓을 수 있는 상품의 범위가 무척 넓다.

앞서도 설명했듯이 공병호 박사는 '성공학'이라는 주제 하나로 40개가 넘는 강의를 할 수 있고, 여섯 가지 큰 주제로 개인에게 맞는 200개 이상의 강의를 할 수 있다. 또한 강연료 역시 보통 사람들은 상상도 하기 힘든 고액이다. 한 타임 강연에 대기업 직원의 한두 달 치 월급에 가까운 강연료를 받는다. 그래서 공 박사의 브랜드 인지도는 웬만한 중소기업들보다 높다. 그가 중년의 나이에도 저술 활동과 칼럼 기고, 강연 활동, 코칭 등으로 바쁜 나날을 보내는 데는 그만한 이유가 있다.

미국의 경영 컨설턴트인 짐 콜린스는 《좋은 기업을 넘어 위대한 기업으로》에서 기업이라는 버스에 적합한 사람을 태우라고 말한다. 많은 기업이 인재경영을 외치고 인재를 위해 많은 투자를 아끼지 않고 있다. 하지만 짐 콜린스의 말처럼 꼭 맞는 사람을 버스에 태운다는 건 불가능에 가까운 일이다. 특히 조직에 있다가 갑자기 자기 사업을 할 경우 직원들을 부리는 데 많은 어려움을 겪는다. 지인 중에 회사에서 권고사직을 하고 자기 사업을 시작한 선배가 있다. 그는 일에서 오는 스트레스보다 직원들로 말미암은 스트레스가 더 많다고 토로했다. 얼마 전, 믿었던 직원이 갑자기 이직을 하는 바람에 큰 상처를 입었다고 한다.

이에 비해 1인 기업은 따로 직원을 두지 않고 혼자 사업을 진행한다는 이점이 있다. 상품의 생산부터 영업까지 혼자서 해내야 한다. 물론 모든 것을 감내해야 하는 만큼 힘들고 외롭겠지만 두루 경험할 수 있어 내실 있는 경영을 할 수 있다. 그래서 큰 리스크 없이 관련 분야의 큰 흐름을 읽을 수 있다.

1인 기업은 규모가 최소한이라는 특성상 개인적으로는 친분을 형성할 수 있지만 공적인 일에서는 계약에 의해 움직이기 때문에 대인관계에서 상대적으로 상처를 적게 받을 수 있다. 그래서 조직 생활에서 많은 상처와 스트레스를 받는 직장인들이 즐겁게 일할 수 있는 대안으로 1인 기업을 생각하는 것이다.

물론 초반에는 여러모로 힘들지만 어느 정도 궤도에 올라서면 서서히 쉬워진다. 자신의 브랜드 인지도가 높아질수록 찾는 고객들이 많아지기 때문이다. 그래서 1인 기업가들이 자신의 브랜드 인지도를 쌓기 위해 가장 많이 하는 일이 저술 활동이다. 책 쓰기를 통해 대중에게 '나'의 존재를 알리는 것이다. 지금 대한민국을 대표하는 1인 기업가들의 공통점은 하나같이 책을 써서 스타가 되었다는 것이다.

최근에는 많은 1인 기업이 연구소를 차리며 브랜드 구축에 온갖 노력을 기울이고 있다. 브랜드의 인지도에 따라 성패가 결정되는 시장 원리에 따라 브랜드 에쿼티를 확장하기 위한 전략이다. 브랜드가 가지고 있는 가치가 높을수록 시장에서 높은 가격에 팔리기 때문이다. 이런 면에서 덩치만 클 뿐 수익구조가 악화되는 일반 기업보다 나 자신이 직원이자 오너인, 작지만 강한 1인 기업이 더욱 유리하다.

현재 우리나라에는 3만 5,000개가 넘는 출판사가 있는데 네 곳 중 한 곳이 1인 출판사다. 그런데 1년 동안 한 권도 출간을 하지 못한 1인 출판사가 93퍼센트에 이를 만큼 출판 시장은 불황을 겪고 있다. 더욱이 1인 출판사는 중대형 출판사의 잘 갖춰진 시스템과 경쟁해야 한다. 그래서 많은 1인 출판사가 태풍 앞의 촛불 같은 상황에 놓여 있다.

그러나 그런 여건에서도 특정 고객을 위한 상품에 집중하면서 브랜드를 구축하여 약진하는 1인 출판사가 있다. 여행, 레저 관련서를 집중적으로 출간하는 꿈의지도 출판사로, 이 출판사의 김산환 대표는 스스로도 여행가, 저술가, 출판 기획자로 활동하고 있다.

그는 대학 졸업 후 〈사람과 산〉이라는 여행 전문지에서 기자로 일했다. 취재를 위해 세계 곳곳을 누비면서 웅대한 자연과 일상과 전혀 다른 환경에서 자기 본연의 모습을 만나는 경험을 했다. 그는 외국 학생들은 마음껏 여행을 다니지만 우리나라 학생들은 그렇지 못하다는 현실을 안타까워하며 학생들뿐 아니라 누구나 자유롭게 여행을 다닐 수 있도록 정보를 주기 위해 여행에 관한 책을 전문적으로 출판하는 1인 출판사를 차렸다.

그 후 여행, 레저를 전문적으로 하는 1인 출판사답게 《명품 올레 48》,《오토캠핑 탐구 생활》 등 현재까지 29권의 책을 펴냈다. 한 권도 출간하지 못한 출판사가 90퍼센트를 넘는 상황에서 29권은 놀라운 성적이다. 대형 출판사와의 경쟁과 출판계 불황에도 이처럼 약진하는 이유를 책에 대한 그의 지론을 통해 알 수 있다.

"여행서적 중 바른 여행, 배우는 여행, 삶을 풍요롭게 하는 여행을 담은 책이 좋은 책이다."

김산환 대표는 여러 명의 직원을 둔 출판사들과는 달리 1인 출판사를 운영하면서 큰 리스크를 부담하지 않아도 되는 이점을 충분히 활용한다. 양질의 여행서를 펴내고 홍보와 마케팅을 펼치는 일에만 집중한다. 그리하여 덩치는 작지만 안정적인 출판사로 자리 잡았다.

1인 출판은 확실한 출판 콘텐츠만 있으면 초기 비용이 적어 누구나 과감히 뛰어들 수 있다는 장점이 있다. 또 다른 1인 출판사인 산처럼의 윤양미 대표가 있다.

그녀는 8년간 출판사에서 일한 경력을 바탕으로 팔리는 책보다 가치 있는 책을 만들고 싶어 1인 출판사를 시작했다. 산처럼은 주로 인문과 역사서를 펴내는데 꼭 잘 팔리는 책들은 아니었다. 그녀는 잘 안 팔릴 걸 알면서도 출판을 하는 이유를 다음과 같이 말했다.

"책을 만들 때 우선순위가 팔릴 만한 책보다 가치 있는 책에 있기 때문이다. 먹여 살려야 할 출판 식구들이 있다면 얼마나 팔릴지 계산하지 않을 수 없다. 그렇지만 1인 출판사는 1,000부가 팔리더라도 세상에 필요한 책이라고 판단되면 과감하게 낼 수 있다."

이처럼 출판 1인 기업은 시장에 상관없이 자신의 신념이나 철학을 가지고 과감히 실행할 수 있다. 또 특정 독자층에 맞는 책을 펴냄으로써 출판 시장의 불황에도 약진할 수 있는 것이다.

1인 기업은 무자본, 무점포, 무직원으로 리스크가 적으므로 지식 자본인 확실한 콘텐츠를 갖추고 자기관리만 철저히 한다면 덩치 큰 출판사와 경쟁해도 충분히 승산이 있다. 물론 무조건 시작만 한다고 해서 성공이 보장되는 것은 아니다. 말 그대로 혼자서 북 치고 장구 치고 하는 1인 기업이기 때문에 조직에 몸담고 있을 때보다 더 힘든 것은 사실이다. 경쟁이 치열한 레드오션 시장에서 생존을 넘어 성장하기 위해선 조직으로 이루어진 기업이 세세히 챙기지 못한 블루오션을 찾아야 한다. 그러할 때 열 회사 안 부러운 1인 기업으로 자리매김할 수 있다.

어떤 분야건 그에 대한 리스크가 있다. 1인 출판에서 그 리스크는 한편으로 이전 조직에서 키워온 자신의 역량을 시험하는 계기로 삼을 수도 있다. 무엇보다 조직에선 내가 원하는 대로 상품을 기획하고 생산해서 홍보와 마케팅을 할 수 없지만 1인 기업에선 모든 것이 가능하다. 내가 시간과 노력을 들이는 만큼 사업이 확장되고 수입 또한 늘어나게 된다. 시간이 갈수록 잘나가는 1인 기업으로 성장할 수 있다는 말이다.

1인 기업을 창업해서 자신이 가진 역량을 제대로 발휘할 수 있는 환경을 만들어보라. 1인 기업이야말로 나 자신을 멀티플레이어로 만들 수 있는 시스템을 가진, 작지만 강한 기업이다. 세상에 정말 필요하고 가치를 담고 있는 나만의 상품을 만들면서 큰 수익까지 창출한다면 그야말로 더는 부러울 게 없는 행복한 인생일 것이다.

:: **07** ::

은퇴 없이
평생 현역으로
살아가기

한 우물을 파듯 평생 한 분야에 몸담아온 이들이 있다. 우리는 이들에게 명인, 명장, 장인, 베테랑 등의 수식어를 붙이면서 인정과 존경을 표한다. 그러면서 하는 일이 고정된 직업 세계에 몸담고 있는 자신과 자신이 좋아하고 잘할 수 있는 일을 하는 그들을 비교하며 한없이 부러워한다. 그들이 부러운 또 다른 이유는 평생 현역으로 살아갈 수 있다는 것이다.

지인 중에 작가이자 강연가로 활동하는 1인 기업가 L이 있다. 그에게 언제까지 일을 하고 싶으냐고 물어보면 이런 대답이 돌아온다.

"지금 하는 일은 일이 아니라 놀이입니다. 건강이 허락하는 한,

계속 이 일을 하고 싶습니다. 놀면서 돈도 벌고 건강도 챙기니 일석삼조라고 할 수 있어요."

자신이 하는 일에서 자부심이나 행복감을 느끼지 못한다면 나올 수 없는 대답이다. 보통의 직장인들은 월요병, 출근병이 일상화되어 있을 정도로 일에 대해 스트레스를 받고 있다. 하지만 1인 기업가들은 평생을 즐겁게 일하면서 현역으로 살아간다. 하기 싫은 일을 억지로 하는 것이 아니고 즐겁고 행복한 마음으로 하기 때문에 이들에게 1년 365일은 공휴일이나 마찬가지다. 그래서 어떤 이들은 오히려 일을 할 수 없는 날을 더 싫어한다.

1인 기업가들의 일하는 모습은 제각각 다르지만 그들이 궁극적으로 추구하는 바는 비슷하다. 일을 통해서 자기완성 또는 자기수양이라는 눈에 보이지 않는 '그 무엇'을 추구하는 것이다.

일본인이 가장 존경하는 3대 경영인 중 하나이자 교세라 그룹 창업주인 이나모리 가즈오 회장, 그의 책 《왜 일하는가》 첫 페이지에는 이런 내용이 있다.

"도대체 무엇을 위해 일하는가? 궁금하다면 이것만은 명심해주기 바란다. 지금 당신이 일하는 것은 스스로를 단련하고, 마음을 갈고닦으며, 삶의 가치를 발견하기 위한 가장 중요한 행위라는 것을."

대부분의 사람은 일은 괴롭고 힘든 것이라고 여긴다. 그래서 하기 싫지만 어쩔 수 없이 해야 한다는 생각을 가지고 있다. 하지만 가즈오 회장은 일을 스스로를 단련하고 마음을 갈고닦는 수양 정도로 생각했다. 그러니 성공할 수밖에 없었으리라.

처음 그가 교세라 그룹을 창업했을 때 그와 직원들은 날마다 24시간 가까이 일을 하면서도 열정에 넘쳤다. 그들에게 일은 단순 밥벌이를 위한 의무가 아니라 스스로를 완성해가는 일종의 소명의식이자 자기완성의 수단이었기 때문이다. 이것이 훗날 교세라를 세계적인 기업으로 만든 기업 이념이기도 하다.

가즈오 회장이나 많은 명인, 명장들은 일을 할 때 한계를 규정하지 않고 스스로를 넘어서기 위해 혼신의 힘을 다한다. 나는 1인 기업가는 그저 밥벌이만을 위해 시간과 노동을 제공하는 직장인에 비해 자신의 성장과 인생의 완성을 위해 나아가는 것이 평생의 과업이라고 생각한다.

1인 기업가를 꿈꾸는 사람으로서 '그 무엇'을 추구하기 위해선 많은 변화가 필요하다. 그중에서도 특히 나를 타성에 젖게 하는 안정이라는 보호막을 스스로 걷는 용기가 필요하다. 어떤 분야에서건 안정을 추구하는 순간 내리막길이 시작되고 어느덧 벼랑으로 내몰리게 된다. 나는 안정이라는 단어 속에는 사장, 도태라는 의미가 담겨 있다고 생각한다. 그래서 특히 젊은이들을 대상으로 하는 강연에서는 "안정을 추구하기보다 불안정을 추구하고, 스스로를 끊임없이 담금질하면서 성장해야 한다"고 강조한다.

이제 직장은 평생직장이라는 개념에서 벗어나 언제 어떤 일이 벌어질지 모르는 불안과 두려움 가득한 밥벌이 수단이 되었다. 이런 변화 속에서도 많은 이들이 그나마 조금이라도 튼튼한 동아줄을 잡기 위해 분투하고 있다. 나는 직장에서는 어떤 동아줄을 붙잡든 든든할 수 없다고 본다. 지적 자본이 자산이 되는 1인 기업이야말로 가장 튼튼한 동아줄이자 가장 힘이 센 갑이다.

그렇게 생각하는 데는 다음과 같은 이유가 있다.

첫째, 무자본, 무점포, 무직원으로 리스크가 적다.

둘째, 내가 진정으로 좋아하고, 잘하는 분야의 일을 하기 때문에 일을 놀이처럼 할 수 있다.

셋째, 기획부터 생산, 홍보 · 마케팅까지 시장의 트렌드에 빠르고 유연하게 대처할 수 있다.

이 세 가지 때문에 많은 이들이 1인 기업을 차리고, 그들 가운데 승승장구하는 1인 기업가들도 속속 나오고 있다. 이들은 안정은 어디에도 없다는 생각으로 변화무쌍한 시장의 트렌드를 읽고, 그에 맞는 제품을 기획하고 생산, 홍보하는 데 역량을 집중한다. 조직에 몸담고 있을 땐 하루하루가 고역이었지만, 그런 노력 덕분에

1인 기업을 경영하는 지금은 하루하루가 가슴이 뛰고 행복하다.

당신이 코끼리라는 조직 안에 있고 스스로를 수동적으로 움직이는 구성원이라고 생각한다면 진짜 하고 싶은 일을 하면서 자유롭고 당당하게 '나'라는 브랜드를 구축할 수 있는 1인 기업가에 도전해볼 것을 권하고 싶다. 물론 어떤 분야라도 처음에는 가혹하리만치 외롭고, 힘들고, 두렵기 마련이다. 하지만 그런 어려움은 1인 기업가에게 스스로를 성장시키는 밑거름이 된다. 내가 자신 있게 말할 수 있는 것은 초반에 느끼는 많은 어려움과 저항을 극복하고 나면 내가 원하는 일을 하면서 시간적, 경제적, 심리적으로 평생 풍요를 누리면서 더 나은 인생을 만들어나갈 수 있다는 것이다. 이것이 1인 기업의 매력이다.

그동안 내가 지켜본 많은 1인 기업가들은 1년 365일 쉬는 날 없이 일하면서도 얼굴에는 여유와 행복감이 묻어났다. 그들이 일을 할 때는 보통 사람들에게선 찾을 수 없는 특유의 열정과 에너지가 뿜어져 나왔다. 1인 기업가는 종일 돌아가는 에어컨 밑에서 표정 없는 얼굴로 어쩔 수 없이 일해야 하는 생계형 직장인들과 다르다. 그들은 누군가의 통제나 지시에 의해 일하는 것이 아니라 자신이 원하는 일을 하기 때문에 일에 대한 강한 자부심을 가지고 있다. 그래서 그 일을 더 잘하기 위해 매 순간 고민하고, 시간이 지날수록 성과가 발휘된다. 그래서 1인 기업가는 성공할 수밖에 없는 시스템이라고 할 수 있다.

많은 이들이 여러 가지 리스크와 고강도의 노동을 예상하면서도 1인 기업을 하는 이유는 자명하다. 누구의 눈치도 보지 않고 자신이 하고 싶은 일을 마음껏 하는 행복감을 누릴 수 있고, 일을 통해 자신을 완성해 나갈 수 있어서다. 그래서 1인 기업가를 꿈의 직업이라고 말하는 것이다.

다음은 탁월한 설교가로 알려진 찰스 해돈 스펄전의 시 〈지금 하십시오〉다. 시의 제목처럼 하고 싶은 일이 있다면 망설이지 말고 당장 도전하라. 우물쭈물, 우유부단하다 보면 좋은 기회들이 떠나가고 만다. 무엇보다 우리 인생은 무한하지 않다. 바로 지금이 그 무엇을 하기에 가장 적당한 시기다.

일이 생각나거든 지금 하십시오.
오늘 하늘은 맑지만 내일은 구름이 보일는지 모릅니다.
어제는 이미 당신의 것이 아니니 지금 하십시오.

친절한 말 한마디가 생각나거든 지금 말하십시오.
내일은 당신의 것이 안 될지도 모릅니다.